党纪法规 70例

王 静◎主编

人民出版社

责任编辑：陈百万

封面设计：林芝玉

图书在版编目（CIP）数据

党纪法规 70 例 / 王静 主编 . — 北京：人民出版社，2024.4

ISBN 978 - 7 - 01 - 023368 - 0

I. ①党…　II. ①王…　III. ①中国共产党 – 纪律检查 – 法规 – 学习参考资料

　IV. ① D262.6

中国版本图书馆 CIP 数据核字（2021）第 078550 号

党纪法规 70 例

DANGJI FAGUI 70 LI

王　静　主编

人民出版社 出版发行

（100706　北京市东城区隆福寺街 99 号）

北京汇林印务有限公司印刷　新华书店经销

2024 年 4 月第 2 版　2024 年 4 月北京第 1 次印刷

开本：710 毫米 × 1000 毫米 1/16　印张：17.25

字数：182 千字

ISBN 978 - 7 - 01 - 023368 - 0　定价：59.00 元

邮购地址 100706　北京市东城区隆福寺街 99 号

人民东方图书销售中心　电话（010）65250042　65289539

出版说明

　　"治国必先治党，治党务必从严，从严必依法度。"依法治国和依规治党有机统一是中国特色社会主义法治体系的鲜明特色和突出优势。党的十八大以来，以习近平同志为核心的党中央厉行法治，将法治思维和法治方式运用于全面从严治党实践，依规治党得到历史性发展。

　　古人说："欲知平直，则必准绳；欲知方圆，则必规矩。"没有规矩不成其为政党，更不成其为马克思主义政党。为了帮助广大党员干部掌握党纪法规中的重要内容，以纪法之尺衡量校准一言一行，使党员干部主动在思想上划出红线、在行为上明确底线，更好深入理解、学习贯彻新修订的《中国共产党纪律处分条例》，我们邀请中央党校（国家行政学院）政治和法律教研部、纪委监委、人民检察院、人民法院的业内专业人士编写了本书。通过剖析70个典型案例，解读纪法规定，提升党员干部纪法意识，让党纪法规入脑入心，时刻自重自省自警自励，慎独慎微慎始慎终，做政治信念坚定、遵规守纪的明白人。本书旨在提升党员干部法治思维，既可作为党员干部纪法教育的生动教材，也可以为纪检监察干部开展监督执纪问责提供有益参考。

人民出版社

2024 年 4 月

目　录

第八章　严守贪污贿赂罪涉罪底线

第九章　严守渎职罪涉罪底线

第一章

严守政治纪律

    政治纪律是党的各级组织和全体党员在政治方向、政治立场、政治言论和政治行为方面必须遵守的行为准则，是维护党的团结统一的根本保证。在政治问题上，任何人不能越过红线，越过了就要严肃追究其政治责任。有些事情在政治上是绝不能做的，做了就要付出代价，谁都不能拿政治纪律和政治规矩当儿戏。全面从严治党，必须注重政治上的要求，必须严明政治纪律，特别是各级领导干部要时刻绷紧政治纪律这根弦，坚持党的领导不动摇，贯彻党的路线方针政策不含糊，始终做政治上的明白人。此次修订，进一步严明政治纪律和政治规矩，对推动全党更加深刻领悟"两个确立"的决定性意义、更加坚决做到"两个维护"有重大意义。

1

同党中央保持一致决不能含糊

《纪律处分条例》第四十九条：在重大原则问题上不同党中央保持一致且有实际言论、行为或者造成不良后果的，给予警告或者严重警告处分；情节较重的，给予撤销党内职务或者留党察看处分；情节严重的，给予开除党籍处分。

ᐸ 准 确 理 解 ᐳ

在党的六项纪律中，政治纪律最重要、最根本、最关键。党的十八大以来发现的管党治党的所有问题，从本质上看都是政治问题，都是"四个意识"不强的问题。中国共产党的领导是中国特色社会主义最本质的特征，是中国特色社会主义制度的最大优势。坚持党的领导，首先是坚持党中央的集中统一领导；维护党的权威，首先是维护党中央权威。坚决维护习近平总书记党中央的核心、全党的核心地位，坚决维护党中央权威和集中统一领导，是根本的政治纪律和政治规矩。党员领导干部贯彻落实这一要求，决不能空喊口号，必须切实做到"两个维护"，在思想上政治上行动上同以习近平同志为核心的党中央保持高度一致，这一点决不能含糊。

警 示 案 例

×年9月22日，中央纪委国家监委网站发布消息，王某运严重违纪被开除党籍和公职。在王某运的违纪行为中，首要一项是严重违反政治纪律和政治规矩。据通报，王某运"四个意识"淡漠，对党中央重大决策部署消极应付、严重失职失责。

底 线 提 醒

在党的纪律检查工作中，政治纪律执行情况是重点。作为党内监督"利剑"的巡视制度，也突出强调，其性质是政治巡视，而不是业务巡视。由此可见，严守政治纪律要求每一个党员领导干部必须保持高度的政治自觉，以高度的政治意识和政治责任感，严格要求自己的一言一行。党员领导干部的言行举止，不仅是个人修养和素质的外化，更代表着党和政府的形象。身为共产党员和领导干部，必须在工作和生活中，旗帜鲜明讲政治，不断强化政治意识、大局意识、核心意识、看齐意识，要把思想认识统一到党中央的决定上来，树牢政治理想，站稳政治立场，把

准政治方向，增强政治判断力、政治领悟力、政治执行力，始终
做政治上的明白人，时刻保持政治敏感，时时处处牢记落实"四
个意识"和"两个维护"，在重大原则问题上与党中央保持一致。
党员领导干部严守政治纪律，同党中央保持一致，要做到"两个
不"：第一，不发表在重大原则问题上不同党中央保持一致的言
论；第二，不做在重大原则问题上不同党中央保持一致的行为。
做到党中央提倡的坚决响应、党中央决定的坚决执行、党中央禁
止的坚决不做。保持高度政治自觉，用实际行动维护以习近平同
志为核心的党中央权威和集中统一领导。

2

坚决贯彻落实党中央决策部署

《纪律处分条例》第五十六条：党员领导干部在本人主政的地方或者分管的部门自行其是，搞山头主义，拒不执行党中央确定的大政方针，甚至背着党中央另搞一套的，给予撤销党内职务、留党察看或者开除党籍处分。

贯彻党中央决策部署只表态不落实，或者落实党中央决策部署不坚决，打折扣、搞变通，在政治上造成不良影响或者严重后果的，给予警告或者严重警告处分；情节严重的，给予撤销党内职务、留党察看或者开除党籍处分。

不顾党和国家大局，搞部门或者地方保护主义的，依照前款规定处理。

〉 准 确 理 解 〈

《党章》总纲规定，党员要"牢固树立政治意识、大局意识、核心意识、看齐意识，坚定维护以习近平同志为核心的党中央权威和集中统一领导，保证全党的团结统一和行动一致，保证党的决定得到迅速有效的贯彻执行。"《党章》第三条明确规定，党员有"贯彻执行党的基本路线和各项方针、政策"的义务。习近平总书记强调，各级党组织要旗帜鲜明坚持和加强党的全面领导，坚持党中央重大决策部署到哪里，监督检查就跟进到哪里，确保党中央令行禁止。在实践中，一些严重违纪的党员领导干部中存在着搞山头主义，在本人主政的地方或者分管的部门自行其是，喜欢当家长式的人物，把分管领域当成"私人领地"，弄得党内生活很不正常，严重影响党中央决策部署落到实处，危害极大。为加强党的政治建设，保证全党集中统一、令行禁止，《关于新形势下党内政治生活的若干准则》要求，"对党中央决策部署，任何党组织和任何党员都不准合意的执行、不合意的不执行，不准先斩后奏，更不准口是心非、阳奉阴违"，"决不允许自行其是、各自为政，决不允许有令不行、有禁不止，决不允许搞上有政策、下有对策"。此次修订增写对不顾党和国家大局、搞部门或地方保护主义行为的处分规定，将贯彻党中央决策部署只表态不落实行为由违反工作纪律调整到违反政治纪律，旨在有力维护党中央权威，保障党中央政令畅通。

《 警 示 案 例 》

　　×年7月20日，中央纪委国家监委网站转发了新华社消息，中办国办通报祁连山国家级自然保护区生态环境问题。通报指出，长期以来，祁连山局部生态破坏问题十分突出。习近平总书记对此多次作出批示，要求抓紧整改。在中央有关部门督促下，某省虽然做了一些工作，但情况没有明显改善。×年2月12日至3月3日，由党中央、国务院有关部门组成中央督查组就此开展专项督查。中央政治局常委会会议听取督查情况汇报，对祁连山国家级自然保护区生态环境破坏典型案例进行了深刻剖析，并对有关责任人作出严肃处理。通报还指出，上述问题的产生，虽然有体制、机制、政策等方面的原因，但根子上还是某省及有关市县思想认识有偏差，不作为、不担当、不碰硬，落实党中央决策部署不坚决不彻底。

底 线 提 醒

　　党员领导干部严守政治纪律，应当带头执行和组织落实党中央大政方针，发挥引领表率作用。为此，必须牢记以下底线：第一，不得在本人主政的地方或者分管的部门自行其是，搞山头主义，拒不执行党中央确定的大政方针，甚至背着党中央另搞一套。该行为危害大，性质相较于落实党中央决策部署不坚决，更为恶劣。一旦被认定存在该行为，就要给予撤销党内职务以上的处分。第二，不得在落实党中央决策部署时不坚决，打折扣、搞变通，更不能因此在政治上造成不良影响或者严重后果。在实践中，党员领导干部如对上级组织决定有异议，应当按照党章规定的程序反映问题。《党章》第十六条规定，"党的下级组织必须坚决执行上级组织的决定。下级组织如果认为上级组织的决定不符合本地区、本部门的实际情况，可以请求改变；如果上级组织坚持原决定，下级组织必须执行，并不得公开发表不同意见，但有权向再上一级组织报告"。此种按照组织程序提出意见和建议的行为不属于违纪。党员领导干部在反映问题的同时，如果组织没有改变决定，则必须毫无保留地执行。不允许以任何借口阻挠和拖延组织决定的执行。

3

做对党忠诚的老实人

《纪律处分条例》第五十八条：对党不忠诚不老实，表里不一，阳奉阴违，欺上瞒下，搞两面派，做两面人，在政治上造成不良影响的，给予警告或者严重警告处分；情节较重的，给予撤销党内职务或者留党察看处分；情节严重的，给予开除党籍处分。

＜ 准 确 理 解 ＞

严禁对党不忠诚是针对近年来查处严重违纪违法党员干部典型案例时发现的问题，作出的有针对性的新规。党的十九大报告提出，"坚决反对搞两面派、做两面人"。习近平总书记指出，全党同志要强化党的意识，始终把党放在心中最高位置，牢记自己的第一身份是共产党员，第一职责是为党工作，做到忠诚于组织，任何时候都与党同心同德。党员干部要正确对待组织，对党组织忠诚老实。在党组织面前，党员干部不能隐瞒自己，不能信口雌黄。党员干部之间也应该言行一致、表里如一，讲真话，讲实话，讲心里话。实际上，"对党忠诚"是每一位共产党员在入党时就宣誓过的誓词。《党章》也将"维护党的团结和统一，对党忠诚老实，言行一致"、"反对阳奉阴违的两面派行为和一切阴谋诡计"作为党员必须履行的义务。《关于新形势下党内政治生活的若干准则》也要求，"党的各级组织和全体党员必须对党忠诚老实、光明磊落，说老实话、办老实事、做老实人，如实向党反映和报告情况，反对搞两面派、做'两面人'"。

〈 警 示 案 例 〉

×年2月13日，中央纪委国家监委网站发布消息，鲁某严重违纪被开除党籍和公职。通报指出，鲁某身为党的高级干部，理想信念缺失，毫无党性原则，对党中央极端不忠诚，"四个意识"个个皆无，"六大纪律"项项违反，是典型的"两面人"，是党的十八大后不收敛、不知止，问题严重集中，群众反映强烈，政治问题与经济问题相互交织的典型，性质十分恶劣、情节特别严重。

〈 底 线 提 醒 〉

党的十八大以来的执纪审查工作实践发现，在党员领导干部中存在着台上讲一套、台下做一套，当面一套、背后一套，对组织不忠诚不老实的情况；有的在大会上说向中央看齐就要处处看齐，而自己却是说一套、做一套，搞弄虚作假，向中央隐瞒本地真实发展水平；有的在人前高唱理想主义，表面上装作关心群众、勤奋敬业、公道正派、倡导俭朴，在人后则推崇个人主义，严重损害群众利益、放弃职守、是非颠倒、奢靡享乐。对党不忠诚不老实，表里不一，阳奉阴违，欺上瞒下，搞两面派，做"两面人"的行为，违背党员义务，损害党的团结和统一，损害党和人民利益，涣散党的组织，透支党的信誉，损害党的形象，危害很大，必须给予纪律处分。

党员领导干部严守政治纪律，要做到对党忠诚老实，必须在工作和生活中，始终保持表里如一，不得阳奉阴违，不得欺上瞒下，不得搞两面派、做"两面人"。对党忠诚不是对某个个人忠诚，不是无原则地迎合领导个人，更不是搞人身依附，而是要不断加强党性修养，牢固树立正确的世界观、权力观、事业观，向党中央看齐，对党忠诚老实，如实向党反映和报告情况，做政治上的明白人；要襟怀坦白、言行一致，心存敬畏、手握戒尺，党中央倡导的坚决响应、党中央决定的坚决执行、党中央禁止的坚决不做，任何时候、任何情况下，都不能越界、越轨。

4

营造良好政治生态

《纪律处分条例》第五十四条：在党内搞团团伙伙、结党营私、拉帮结派、政治攀附、培植个人势力等非组织活动，或者通过搞利益交换、为自己营造声势等活动捞取政治资本的，给予严重警告或者撤销党内职务处分；导致本地区、本部门、本单位政治生态恶化的，给予留党察看或者开除党籍处分。

《党章》规定，党员要"坚决反对一切派别组织和小集团活动"。习近平总书记在第十八届中央纪律检查委员会第六次全体会议上的重要讲话中指出："党内存在野心家、阴谋家，从内部侵蚀党的执政基础，我们不能投鼠忌器，王顾左右而言他，采取鸵鸟政策，这个必须说清楚。全党必须讲政治，把政治纪律摆在首位，消弭隐患、杜绝后患。""党的十八大以来，党中央反复强调领导干部要严守政治纪律和政治规矩，但有的置若罔闻，搞结党营私、拉帮结派、团团伙伙，一门心思钻营权力；有的明知在换届中组织没有安排他，仍派亲信到处游说拉票，搞非组织活动；有的政治野心不小，扬言'活着要进中南海，死了要入八宝山'；有的在其主政的地方建'独立王国'，搞小山头、拉小圈子，对党中央决策部署阳奉阴违，为实现个人政治野心而不择手段。"在执纪中发现，此类行为主要包括：搞"小圈子"，搞团团伙伙，培植个人势力；为谋求职务晋升大搞政治攀附；为实现野心，公器私用，不择手段为个人造势；政治问题与经济腐败相互交织，大搞利益交换，形成利益集团，破坏党内政治生态，影响党的执政基础。《纪律处分条例》明确规定严禁搞团团伙伙、捞取政治资本，是党的政治建设成果的制度化。

◀ 警 示 案 例 ▶

　　×年10月15日，中央纪委国家监委网站发布消息，赖某民严重违纪违法被开除党籍和公职。在赖某民的违纪行为中，其中两项是搞政治投机，为个人职务升迁拉关系，搞美化宣传个人，捞取政治资本，参加迷信活动，对抗组织审查；违反组织纪律，在人大代表选举和干部推荐过程中搞非组织活动，在干部选拔任用过程中任人唯权、任人唯利、任人唯圈，严重污染企业政治生态。

❰ 底 线 提 醒 ❱

"干部都是党的干部，不是哪个人的家臣。"广大党员干部应当铭记习近平总书记的告诫。决不搞团团伙伙、拉帮结派、利益输送，决不搞自行其是、阳奉阴违。真正的"护身符"，不是"哪条线""某圈子""谁的人"，而是心中那把遵纪守法的戒尺。党员领导干部严守政治纪律，不搞非组织活动，必须牢记：第一，不得在党内搞团团伙伙、结党营私、拉帮结派、培植个人势力等非组织活动。只要党员领导干部有上述行为，即构成违纪。第二，不得通过搞利益交换、为自己营造声势等活动捞取政治资本。此违纪行为与权钱交易不同之处在于，其行为目的是捞取政治资本，而非仅仅获得经济利益。此次修订增写搞政治攀附行为的处分规定，旨在促进对党忠诚老实，进一步维护党的团结统一。

5

严禁结交、充当政治骗子

《纪律处分条例》第五十五条：搞投机钻营，结交政治骗子或者被政治骗子利用的，给予严重警告或者撤销党内职务处分；情节严重的，给予留党察看或者开除党籍处分。

充当政治骗子的，给予撤销党内职务、留党察看或者开除党籍处分。

〉 准 确 理 解 〈

二十届中央纪委二次全会工作报告指出，严惩"政治骗子"和政治掮客。近年来，结交或充当"政治骗子"是执纪监督中发现的一种典型问题。这些"政治骗子"往往自称领导干部的亲友、同学、秘书、智囊等，与领导干部有特殊关系，但其实际身份大多没有正当职业，打着可以为请托人"牵线搭桥"，使其获得"提拔重用"等政治利益诱惑的旗号，行诈骗钱财、获取不正当利益之实，已经成为败坏政治生态的毒瘤。党员干部结交"政治骗子"大多出于不正当的利益考虑，反映出利令智昏、权欲熏心、投机攀附等不良政治品格，一些领导干部迷迷糊糊上当受骗、栽了跟头的荒唐事件屡屡发生，已经严重影响党员干部队伍形象，污染政治生态和社会风气，损害党的形象和声誉。修订后的《条例》第五十五条新增对"结交政治骗子、充当政治骗子"的处分规定，有利于持续加大对政治骗子的打击力度，坚决铲除搞政治投机钻营的腐败土壤，持续巩固风清气正的政治生态。

❮ 警 示 案 例 ❯

×年8月16日，中央纪委国家监委网站发布消息，A省原副省长、公安厅原厅长刘某严重违纪违法被开除党籍和公职。经查，刘某丧失政治原则，毫无"四个意识"，参与在党内搞团团伙伙，结交"政治骗子"，热衷政治投机，造成恶劣政治影响。同年，B省政协原党组副书记、副主席刘某强被查。通报指出，刘某强毫无规矩意识，盲目听信"政治骗子"，花费巨资跑官买官被骗，处心积虑对抗组织审查。

❮ 底 线 提 醒 ❯

善除害者察其本，善理疾者绝其源。一些党员领导干部落入

"政治骗子"的圈套，说到底是由于理想信念动摇，组织观念淡薄，纪律意识弱化，不信组织信关系，不走正道抄近道。摆脱"政治骗子"的围猎，最根本的是要补足精神之"钙"，要牢固树立正确的权力观，增强政治意识、纪律意识、规矩意识，守住为官做人的气节、定力和底线。要加强自我约束，不参与任何非法组织和不良团体的活动，慎重选择自己的朋友和交往对象，不与有不良行为和政治倾向的人交往，避免被利用或陷入陷阱。

6

树立正确政绩观

《纪律处分条例》第五十七条：党员领导干部政绩观错位，违背新发展理念、背离高质量发展要求，给党、国家和人民利益造成较大损失的，给予警告或者严重警告处分；情节较重的，给予撤销党内职务或者留党察看处分；情节严重的，给予开除党籍处分。

搞劳民伤财的"形象工程"、"政绩工程"的，从重或者加重处分。

⟨ 准 确 理 解 ⟩

《党章》要求，党的各级领导干部要树立正确的政绩观。政绩观是世界观、人生观、价值观的具体化，是指导党员干部干好工作的总开关。政绩观的正确与否，关系党员干部的健康成长，影响党和人民事业的发展。党的十八大以来，习近平总书记多次强调要牢固树立正确政绩观，解决好政绩为谁而树、树什么样的政绩、靠什么树政绩的问题，多做打基础、利长远的事，不搞脱离实际的盲目攀比，不搞劳民伤财的形象工程、政绩工程，真正做到对历史和人民负责。针对近年在执纪监督中发现的一些党员干部政绩观错误等问题，此次修订后的《条例》将政绩观错误的相关处分规定明确写入政治纪律一节，意在强化树立正确政绩观的重要性。《条例》新增第五十七条第一款规定了对党员领导干部政绩观错位，违背新发展理念、背离高质量发展要求行为的处分内容。习近平总书记指出，完整、准确、全面贯彻新发展理念，是经济社会发展的工作要求，也是十分重要的政治要求；强调高质量发展是全面建设社会主义现代化国家的首要任务，坚持高质量发展要成为领导干部政绩观的重要内容。那些抱着追求个人名利、满足私欲目的在干工作中"做秀""捞资本"的人，那些沉迷于短期行为，"造势"搞"形象工程"的行为是违背新发展理念、背离高质量发展的违反政治纪律的行为。

党员要树立正确政绩观，要把为民造福作为最重要的政绩。中国共产党把为民办事、为民造福作为最重要的政绩，把为老百姓办了多少好事实事作为检验政绩的重要标准。要做到"民之所好好之，民之所恶恶之"，求真务实、真抓实干，自觉从人民利益出发做工作。决不能为了树立个人形象，搞华而不实、劳民伤财的"形象工程""政绩工程"。"形象工程"往往不顾群众需要和当地实际，超越当地发展阶段，严重浪费资源，老百姓普遍不认可。"政绩工程"往往急功近利、贪图虚名，为个人捞取政治资本，对一切搞劳民伤财的"形象工程"和"政绩工程"的行为，要严肃问责追责。此次修订后的《条例》第五十七条第二款明确将搞劳民伤财的"形象工程"、"政绩工程"行为由违反群众纪律调整为违反政治纪律，并规定为从重加重处分情形。

在脱贫攻坚关键时期，某州委委员、某县委原书记冯某对党中央、省委、省政府的工作部署置若罔闻，自行其是、阳奉阴违，对脱贫攻坚工作表态多调门高，行动少落实差，不聚焦脱贫攻坚工作，举债修建与脱贫攻坚无关的"高大上"项目、政绩工程，耗巨资举办短时间不能惠及群众的"中国汽车短道拉力锦标赛""峨眉传奇格斗赛"等赛事活动，并以县政府平台公司名义，举债推进与脱贫攻坚工作无直接关系的"养心谷""千神广场"等"高大上"的综合开发项目，造成脱贫攻坚工作不聚焦，致使全县脱贫攻坚工作滞后。×年6月，冯某受到开除党籍、开除公职处分。次年3月，冯某因受贿罪，被人民法院依法判处有期徒刑十年，并处罚金人民币100万元。

树立正确政绩观是党的政治纪律的要求。习近平总书记强调："共产党人必须牢记，为民造福是最大政绩。""大家一定要牢记创造业绩的目的是为人民谋利益，真正把心思和精力放在为党和人民干事创业上。"高质量发展是全面建设社会主义现代化国家的首要任务，相应地，党员领导干部必须将坚持高质量发展作为干事创业的目标和路径。完整、准确、全面贯彻新发展理念，既是经济社会发展的工作要求，也是十分重要的政治要求。党员干部必须牢记：第一，新征程上推动高质量发展，不能穿新鞋走老路，必须完整、准确、全面贯彻新发展理念，决不能违背新发展理念、背离高质量发展要求。第二，在任何时候任何情况下，都要始终坚持把最广大人民的根本利益放在首位，自觉用最广大人民的根本利益来检验自己的工作和政绩。党员干部干工作谋发展必须求真务实、真抓实干，多做打基础、利长远的事，不搞劳民伤财的"形象工程"。地方"形象工程"本是地方发展的一张名片，能够提升城乡环境，吸引投资，产生良好的经济、社会、人文等效益，但如果搞"形象工程"而不顾群众需要和当地实际，甚至超越当地发展阶段，造成严重浪费，老百姓普遍不认可，那就会适得其反。第三，业绩都是干出来的，真干才能真出业绩、出真业绩。领导干部不得为了树立个人形象，以投机心理打造领导"可视范围"内的政绩工程。这种偏离了从客观实际出发、从维护群众利益出发的工作出发点的做法，严重损害干群关系，影响恶劣。

7

对党忠诚老实，不得对抗组织审查

《纪律处分条例》第六十三条：对抗组织审查，有下列行为之一的，给予警告或者严重警告处分；情节较重的，给予撤销党内职务或者留党察看处分；情节严重的，给予开除党籍处分：

（一）串供或者伪造、销毁、转移、隐匿证据；

（二）阻止他人揭发检举、提供证据材料；

（三）包庇同案人员；

（四）向组织提供虚假情况，掩盖事实；

（五）其他对抗组织审查行为。

〈 准 确 理 解 〉

《党章》明确规定，"对党忠诚老实"是党员必须履行的义务。习近平总书记强调："对党忠诚，不是抽象的而是具体的，不是有条件的而是无条件的。"对党绝对忠诚是对党员干部的根本政治要求，也是党和人民事业顺利发展的坚强政治保证。《关于新形势下党内政治生活的若干准则》要求，"党的各级组织和全体党员必须对党忠诚老实、光明磊落，说老实话、办老实事、做老实人，如实向党反映和报告情况"。因此，党员领导干部应当自觉在做人、干事、为官、生活中做到思想上与党同心，行动上与党同步。在党言党、在党忧党、在党为党，不要"小聪明"，不打"小九九"。

》 警 示 案 例 《

张某(某省某县公安局某派出所原所长)为掩盖违纪违法行为，与多名民警在共同腐败利益驱动之下，订立"攻守同盟"，对抗组织审查。×年3月6日，在共同违纪党员被纪委监委采取留置措施后，仍商讨串供，企图掩盖罪行；多次组织串供、翻供，对抗组织审查，最终被严肃处理。

》 底 线 提 醒 《

作为党组织中的一员，党员领导干部应当相信组织、依靠组织。我们党始终坚持惩前毖后、治病救人，既依规依纪依法严肃查处腐败分子，又充分运用政策策略挽救干部。党员领导干部严守政治纪律，就必须在任何时候都对党忠诚老实，尤其是在党组织审查处理其违纪行为期间，更应该对自己犯的错误认真反省检讨，积极主动地向组织如实坦白，积极协助组织及时查清违纪事实。对抗组织审查的少数党员干部，看似是在给自己找"出路"，实则是将自己逼上了绝境。

党员领导干部对党要忠诚老实，不得对抗组织审查，应当牢记以下行为底线：第一，不得串供或者伪造、销毁、转移、隐匿证据。如在被谈话期间，授意下属隐瞒违纪之事，并按照公务接待标准补开虚假收据，企图掩盖违纪事实。第二，不得阻止他人揭发检举、提供证据材料。第三，不得包庇同案人员。第四，不得向组织提供虚假情况，掩盖事实。第五，不得有其他对抗组织的审查行为。如暗地里纠集亲属、下属、不法商人反复串供，订立攻守同盟等行为。

8

严格自律，规范言论

《纪律处分条例》第五十条：通过网络、广播、电视、报刊、传单、书籍等，或者利用讲座、论坛、报告会、座谈会等方式，公开发表坚持资产阶级自由化立场、反对四项基本原则，反对党的改革开放决策的文章、演说、宣言、声明等的，给予开除党籍处分。

发布、播出、刊登、出版前款所列文章、演说、宣言、声明等或者为上述行为提供方便条件的，对直接责任者和领导责任者，给予严重警告或者撤销党内职务处分；情节严重的，给予留党察看或者开除党籍处分。

准确理解

党员领导干部严格规范自己的言论，是以实际行动履行党员义务的必然要求。《党章》第三条明确规定，党员必须"贯彻执行党的基本路线和各项方针、政策"。习近平总书记强调："同党中央保持高度一致必须是全面的，在思想上政治上行动上全方位向党中央看齐，做到表里如一、知行合一；必须是具体的，不能光口头讲讲，要落实在各个方面、各项工作上；必须是坚定的，党中央提倡的坚决响应，党中央决定的坚决照办，党中央禁止的坚决杜绝，任何时候任何情况下都做到政治立场不移、政治方向不偏。"党员领导干部严格自律，讲政治纪律，在言行中应当时刻牢记自己的政治身份。对那些违反政治纪律，乱说乱讲的，必须以党纪严惩。

〈 警 示 案 例 〉

　　经查，某市交通运输局下属单位负责人孙某在全体职工会议上发表严重违反政治纪律的言论，社会影响十分恶劣。×年5月，孙某受到开除党籍、撤销行政职务处分。该市交通运输局作为上级主管单位，局党总支和纪检监察组本应切实履行好党风廉政建设主体责任和监督责任，加强本系统作风纪律建设和对党员领导干部的政治纪律、政治规矩教育。但从实际情况来看，这"两个责任"并没有履行好，政治纪律和政治规矩更是没有维护好。局党总支书记于某，作为交通运输局系统党风廉政建设第一责任人，对赵某在工作期间公开发表严重违反政治纪律的言论负有主要领导责任，受到党内严重警告处分。局长于某履行主体责任不到位，受到党内警告处分。局纪检监察组组长刘某，履行监督责任不到位，被诫勉谈话。上述三人分别被责令作出深刻书面检查。

〈 底 线 提 醒 〉

　　党员领导干部应当履行坚决捍卫党的基本路线义务，一方面，不得有否定党的领导、否定我国社会主义制度、否定改革开放的言行。另一方面，按照《关于新形势下党内政治生活的若干准则》的要求，还要旗帜鲜明反对和抵制一切否定党的基本路线的言行。

　　党员领导干部严守政治纪律，不发表违纪言论或为其提供方便条件，必须牢记下列言论底线：第一，不准散布违背党的理论和路线方针政策的言论；不准公开发表违背党中央决定的言论；不准发表在重大原则问题上不同党中央保持一致甚至妄议党中央大政方针的言论；不准制造、传播政治谣言及丑化党和国家形象，诋毁、诬蔑党和国家领导人、英雄模范，或者歪曲党的历史、中华人民共和国历史、人民军队历史的言论；不准站在资产阶级自由化立场上，发表从根本上反对四项基本原则，或者反对党的改革开放决策的言论。不准公开发表有严重政治问题的言论。此处有严重政治问题的言论包括，妄议党中央大政方针，破坏党的集中统一。这一行为是中央反复强调的"七个有之"问题之一。妄议中央违背了党的民主集中制组织原则，是严重破坏全党团结统一和行动一致的错误行为。第二，不得为发表违纪言论提供方便条件，主要是指为发布、播出、刊登上述违纪言论的信息，出版刊载言论的出版物，举办发表言论的讲座、论坛、报告会、座谈会等活动，提供场地、资金、渠道、宣传载体等方便条件。

9

严禁制造、散布、传播政治谣言和诬告陷害

《纪律处分条例》第五十九条：制造、散布、传播政治谣言，破坏党的团结统一的，给予警告或者严重警告处分；情节较重的，给予撤销党内职务或者留党察看处分；情节严重的，给予开除党籍处分。

政治品行恶劣，匿名诬告，有意陷害或者制造其他谣言，造成损害或者不良影响的，依照前款规定处理。

《 准 确 理 解 》

讲政治、顾大局、守纪律，不信谣、不传谣，这是检验党员领导干部党性党风党纪的基本要求。习近平总书记指出：检验一个干部理想信念是否坚定，主要看干部是否能在重大政治考验面前有政治定力。党员领导干部必须强化底线思维，擦亮自己的眼睛，严守党的政治纪律，切忌不负责任地道听途说，捕风捉影地编造传播各

类谣言。《关于新形势下党内政治生活的若干准则》规定，"严肃追查处理诬告陷害行为"，"党员、干部反映他人的问题，应该出于党性，通过党内正常渠道实名进行，不准散布小道消息，不准散发匿名信，不准诬告陷害等"。

〉 警 示 案 例 〈

　　× 年 1 月 9 日，中央纪委国家监委网站转发了《中国纪检监察报》消息披露，和某在退休前还想"更进一步"，当这种要求得不到满足后，就心怀不满，通过匿名发送手机短信等方式，无中生有、捏造事实，以达到自己不可告人的政治目的。政治品质败坏，× 年 10 月至 × 年 5 月，和某因对某州部分领导干部心怀不满，于是使用他人身份信息购买两张移动电话卡，发送数十条匿名短信，在领导干部之间制造、散布、传播政治谣言。

〉 底 线 提 醒 〈

　　党员领导干部严守政治纪律，要始终对党和国家事业怀着坚定的理想和信念，时刻保持清醒的头脑，保持政治敏锐性，严格自律。为此，党员领导干部必须牢记：第一，不得制造、散布、传播政治谣言。要通过加强理想信念的学习和教育，站稳政治立场，对于社会上的谣言要善于识别、敢于斗争，勇于说"不"。既不能做谣言的始作俑者，也不能做谣言的传播者。时刻谨记遵守党的政治纪律和政治规矩。第二，不得匿名诬告，有意陷害或者制造其他谣言。需要注意的是，此处针对其他谣言的违纪行为，仅限于"制造"而不包含"散布、传播"。如有散布、传播其他谣言的，属于"政治品行恶劣"。"造成了损害或不良影响"是构成违反政治纪律行为的必要条件。

10

严禁制作、贩卖和传播，私自携带、寄递、阅看、浏览、收听有严重政治问题的资料

《纪律处分条例》第五十二条：制作、贩卖、传播第五十条、第五十一条所列内容之一的报刊、书籍、音像制品、电子读物，以及网络文本、图片、音频、视频资料等，情节较轻的，给予警告或者严重警告处分；情节较重的，给予撤销党内职务或者留党察看处分；情节严重的，给予开除党籍处分。

私自携带、寄递第五十条、第五十一条所列内容之一的报刊、书籍、音像制品、电子读物等入出境，情节较重的，给予警告或者严重警告处分；情节严重的，给予撤销党内职务、留党察看或者开除党籍处分。

私自阅看、浏览、收听第五十条、第五十一条所列内容之一的报刊、书籍、音像制品、电子读物，以及网络文本、图片、音频、视频资料等，情节严重的，给予警告、严重警告或者撤销党内职务处分。

‹ 准 确 理 解 ›

"有严重政治问题内容的书刊、音像制品、电子读物、网络音视频资料等"，一般是指公开发表坚持资产阶级自由化立场、反对四项基本原则，反对党的改革开放决策的文章、演说、宣言、声明等的；公开发表违背四项基本原则，违背、歪曲党的改革开放决策，或者其他有严重政治问题的文章、演说、宣言、声明等的；妄议中央大政方针，破坏党的集中统一的；丑化党和国家形象，或者诋毁、诬蔑党和国家领导人、英雄模范，或者歪曲党史、国史、军史内容的书刊、音像制品、电子读物、网络音视频资料等。此次修订增写对私自阅看、浏览、收听有严重政治问题的资料，情节严重的处分规定，对于进一步规范党员领导干部政治言行，坚定理想信念意义重大。除本条规定外，此次修订对政治言行的进一步规范，还包括第六十九条对信仰宗教的党员加强思想教育，限期改正的规定；第七十条对个人搞迷信活动行为的处分规定。

‹ 警 示 案 例 ›

×年9月20日，中央纪委国家监委网站发布消息，王某光严重违纪违法被开除党籍和公职。在王某光的违纪行为中，首要一项是违反政治纪律和政治规矩，政治信仰缺失，热衷于阅看有严重政治问题的境外书刊，拉票助选，封官许愿，不遵守外事工作纪律并造成恶劣影响，对抗组织审查。

◄ 底 线 提 醒 ►

　　党员领导干部严守政治纪律底线，不得制作、贩卖和传播有严重政治问题的资料，必须牢记以下行为底线：第一，不得制作、贩卖、传播坚持资产阶级自由化立场、反对四项基本原则、反对改革开放决策、有严重政治问题的资料。不论是否有谋利的目的或结果，都构成违纪。第二，不得私自携带、寄递私自阅看、浏览、收听坚持资产阶级自由化立场、反对四项基本原则、反对改革开放决策、有严重政治问题的资料出入境。该违纪行为发生的场所，既包括入境，也包括出境。构成违纪的"私自携带"，包括随身携带，也包括通过托运行李携带。第三，该违纪行为所指的登载严重违纪内容的材料介质，包括报刊、书籍、音像制品、电子读物、网络文本、图片、音频、视频资料等。

第二章

严守组织纪律

　　党的力量来自组织。党的全面领导、党的全部工作要靠党的坚强组织体系去实现。组织纪律是规范和处理党的各级组织之间、党组织与党员之间以及党员与党员之间关系的行为规则，是维护党的集中统一、保持党的战斗力的重要保证。党员要强化党的意识和组织观念，自觉做到思想上认同组织、政治上依靠组织、工作上服从组织、感情上信赖组织。所有党组织和全体党员都必须牢固树立一盘棋意识，在党中央集中统一领导下齐心协力、步调一致开展工作，形成党的组织体系整体合力。

11

坚持民主集中制原则

《纪律处分条例》第七十七条：违反民主集中制原则，有下列行为之一的，给予警告或者严重警告处分；情节严重的，给予撤销党内职务或者留党察看处分：

（一）拒不执行或者擅自改变党组织作出的重大决定；

（二）违反议事规则，个人或者少数人决定重大问题；

（三）故意规避集体决策，决定重大事项、重要干部任免、重要项目安排和大额资金使用；

（四）借集体决策名义集体违规。

《 准 确 理 解 》

民主集中制是我们党的根本组织制度，是党内政治生活正常开展的重要制度保障。《党章》规定："民主集中制是民主基础上的集中和集中指导下的民主相结合。它既是党的根本组织原则，也是群众路线在党的生活中的运用。必须充分发扬党内民主，尊重党员主体地位，保障党员民主权利，发挥各级党组织和广大党员的积极性创造性。必须实行正确的集中，牢固树立政治意识、大局意识、核心意识、看齐意识，坚定维护以习近平同志为核心的党中央权威和集中统一领导，保证全党的团结统一和行动一致，保证党的决定得到迅速有效的贯彻执行。"落实民主集中制，必须坚持民主基础上的集中和集中指导下的民主相结合，既充分发扬民主，又善于集中统一。针对现实中存在的个别领导只讲集中不讲民主等违反民主集中制的情况，《关于新形势下党内政治生活的若干准则》强调："各级党委（党组）必须坚持集体领导制度。凡属重大问题，要按照集体领导、民主集中、个别酝酿、会议决定的原则，由集体讨论、按少数服从多数作出决定，不允许用其他形式取代党委及其常委会（或党组）的领导。落实党委常委会（或党组）议事规则和决策程序，健全常委会向全委会定期报告工作并接受监督制度，坚决反对和防止独断专行或各自为政，坚决反对和防止议而不决、决而不行、行而不实，坚决反对和防止以党委集体决策名义集体违规。"

〈 警 示 案 例 〉

经查，某省某州原副州长、某市原市长徐某，在工作中居高临下"搞家长制、一言堂"，许多问题不经班子成员充分酝酿和讨论就事先定调，个人主义思想严重。对市委作出的决定，徐某还擅自有选择地执行。与自己想法一致的，执行；但凡不一致的，那就拖着不执行。有一次，市委制定了一项决议，然而徐某对此却有另外的想法。于是，每次市长办公会，徐某就把这个议题放到最后，一旦快要到这个议题的时候，他就会去上厕所，回来就对参会的人说："哎呀，时间太晚了，这个议题下次再议。"这次推下次，下次再推下次，最终这件事情不了了之。徐某身为党的领导干部，在工作中只讲集中不讲民主，个人专权擅断，拒不执行党组织的决定，依据个人好恶有选择地落实党组织的决策，将个人凌驾于党组织之上，严重破坏了党的民主集中制原则，违反《纪律处分条例》第七十七条的相关规定，予以撤销党内职务的处分。

❮ 底 线 提 醒 ❯

党员领导干部坚持民主集中制原则，必须牢记不得触犯以下四条禁止性规定。第一，不得拒不执行或者擅自改变党组织作出的重大决定。所谓党组织作出的"重大决定"，是指党组织按照议事规则和决策程序作出的有关工作任务部署，干部任免、调整和处理等决定。党组织作出的重大决定对所有成员都具有约束力，党员领导干部必须服从和执行。拒绝执行或者执行中擅自改变重大决定，均构成违纪。第二，不得违反议事规则，个人或者少数人决定重大问题。按照《党章》第十条的规定，党内"凡属重大问题都要按照集体领导、民主集中、个别酝酿、会议决定的原则，由党的委员会集体讨论，作出决定"。第三，不得故意规避集体决策，决定重大事项、重要干部任免、重要项目安排和大额资金使用（"三重一大"事项）。其中，"故意规避集体决策"，是指故意违反有关议事规则和决策程序。该集体讨论、会议决定的不开会或者不讨论，或者对因紧急情况下的个人或少数人临时决定未在事后及时向班子报告，等等。第四，不得借集体决策名义集体违规。即妄图以符合集体议事规则和决策程序来掩盖集体违规。

12

严格遵守重大事项请示报告制度

《中国共产党重大事项请示报告条例》第五条：各地区各部门党组织承担重大事项请示报告工作主体责任，党组织主要负责同志为第一责任人，对请示报告工作负总责。

第十二条：涉及党和国家工作全局的重大方针政策，经济、政治、文化、社会、生态文明建设和党的建设中的重大原则和问题，国家安全、港澳台侨、外交、国防、军队等党中央集中统一管理的事项，以及其他只能由党中央领导和决策的重大事项，必须向党中央请示报告。

第三十四条：党员一般应当向所在党组织请示报告重大事项。领导干部一般应当向所属党组织请示报告重要工作。

《 准 确 理 解 》

根据《中国共产党重大事项请示报告条例》（2019 年 1 月 31

日起施行）规定，请示报告制度是党的一项重要政治纪律、组织纪律、工作纪律，是执行民主集中制的有效工作机制。该制度对于坚决维护习近平总书记党中央的核心、全党的核心地位，坚决维护党中央权威和集中统一领导，保证全党团结统一和行动一致，具有重要意义。请示，是指下级党组织向上级党组织，党员、领导干部向党组织就重大事项请求指示或者批准；报告，是指下级党组织向上级党组织，党员、领导干部向党组织呈报重要事情和重要情况。按照《中国共产党重大事项请示报告条例》的规定，下级党组织应向上级党组织，党员、领导干部应向党组织请示报告重大事项相关活动。

◀ 警 示 案 例 ▶

某州某国有独资水利电力企业下属公司总经理张某违反公司"三重一大"集体决策制度，在未经班子集体研究、未经董事长同意的情况下，擅自与"山水间客栈"私自签订《山水间客栈投资合作协议》。公司财务部经理郑某向商业银行经办人员提供虚假验证信息，将该公司公款 300 万元转账到"山水间客栈"谢某个人账户。总公司纪委按照"有案必查"的要求，第一时间启动纪检信访案件办理程序，在较短时间内查清了违纪事实，中止了违纪行为，并给予张某党内警告处分决定，减发 6 个月绩效奖；郑某调离岗位并减发 6 个月绩效奖。

底 线 提 醒

党员领导干部遵守请示报告制度，应当牢记以下规定：第一，党员领导干部应当向党组织就重大事项请求指示或者批准，呈报重要事情和重要情况。"重大事项"，是指超出党员、领导干部自身职权范围，或者虽在自身职权范围内，但关乎全局、影响广泛的重要事情和重要情况，包括党组织贯彻执行党中央决策部署和上级党组织决定、领导经济社会发展事务、落实全面从严治党责任，党员履行义务、行使权利，领导干部行使权力、担负责任的重要事情和重要情况。第二，党员领导干部在重大事项请示报告工作中应当做到：一是坚持政治导向。树牢"四个意识"，落实"四个服从"，把请示报告作为重要政治纪律和政治规矩，把讲政治要求贯彻到请示报告工作全过程和各方面。二是坚持权责明晰。既牢记授权有限，该请示的必须请示，该报告的必须报告；又牢记守土有责，该负责的必须负责，该担当的必须担当。三是坚持客观真实。全面如实请示报告工作、反映情况、分析问题、提出建议，既报喜又报忧、既报功又报过、既报结果又报过程。四是坚持规范有序。落实依规治党要求，严格按照党章党规规定的主体、范围、程序和方式开展重大事项请示报告工作。第三，党员一般应当向所在党组织请示报告重大事项。领导干部一般应当向所属党组织请示报告重要工作。第四，党员应当向党组织请示下列事项：一是从事党组织所分配的工作中的重要问题；二是代表党组织发表主张或者作出决定；三是按照规定需要请示的涉外工作交往活动；四是转移党的组织关系；五是其他应当向党组织请示的事项。党员应当向党组织报告下列事项：一是贯彻执行党组织决议以及完成党组织交办工作任务情况；二是对党的工作和领导干部的意见建议；三是发现党员、领导干部违纪违法线索情况；四是流动外出情况；五是其他应当向党组织报告的事项。第五，领导干部应当向党组织请示的事项包括：一是超出自身职权范围，应当由所在党组织或者上级党组织作出决定的重大事项；二是属于自身职权范围但事关重大的问题和情况；三是代表党组织对外发表重要意见；四是因故无法履职或者离开工作所在地；五是其他应当向党组织请示的事项。领导干部应当向党组织报告的事项包括：一是学习贯彻习近平新时代中国特色社会主义思想，贯彻落实党中央决策部署和党组织决定中的重要情况和问题；二是遵守政治纪律和政治规矩，坚决维护习近平总书记党中央的核心、全党的核心地位，坚决维护党中央权威和集中统一领导情况；三是坚持民主集中制，发扬党内民主，正确行使权力，参与集体领导情况；四是参加领导班子民主生活会和所在党支部（党小组）组织生活会情况；五是履行管党治党责任，加强党风廉政建设和反腐败工作以及遵守廉洁纪律情况；六是重大决策失误或者应对突发事件处置失当，纪检监察、巡视巡察和审计中发现重要问题以及违纪违法情况；七是可能影响正常履职的重大疾病等情况；八是其他应当向党组织报告的事项。

13

依法依规履行作证义务

《纪律处分条例》第八十条：在党组织纪律审查中，依法依规负有作证义务的党员拒绝作证或者故意提供虚假情况，情节较重的，给予警告或者严重警告处分；情节严重的，给予撤销党内职务、留党察看或者开除党籍处分。

〈 准 确 理 解 〉

习近平总书记强调，纪检监察机关要坚持原则、勇于亮剑，敢斗善斗、担当尽责，坚定不移正风肃纪反腐，推动全面从严治党向纵深发展。正确收集、鉴别和使用证据是纪检监察机关保证办案质量，正确执行党的纪律的基础。在纪律审查中，证据包括物证、书证、证人证言、视听材料、电子数据、受侵害人员的陈述、受审查党员的陈述、鉴定结论、勘验、检查笔录、现场笔录。纪检监察机关收集、鉴别和使用证据必须实事求是，一切从客观实际出发，不得带框框、主观臆断、偏听偏信；必须尊重党员的民主权利和公民的合法权利。严禁使用威胁、引诱、欺骗及其他非法手段收集证据。根据《中华人民共和国监察法》第十八条的规定，"监察机关行使监督、调查职权，有权依法向有关单位和个人了解情况，收集、调取证据。有关单位和个人应当如实提供。"根据 1994 年印发的《中国共产党纪律检查机关案件检查工作条例》及其实施细则的规定，"凡是知道案件情况的组织和个人都有提供证据的义务"，"党员拒绝作证或故意提供虚假情况，情节严重的应按照有关规定给予党纪处分"。为与上述法律法规相配套，严肃纪律审查工作，维护党的纪律的权威性，此次修订《纪律处分条例》时，增写了党员在党组织纪律审查中的依法依规作证的义务，旨在推动增强党员的组织观念。这既是总结全面从严治党实践经验，加强纪检监察制度建设的要求，也是纪检监察机关进一步树牢法治意识、程序意识、证据意识，以规范化、法治化、正规化促进纪检监察工作高质量发展的重要保障。

‹ 警 示 案 例 ›

　　徐某，曾任某市公安局郊区分局副局长，市公安局天宁分局党委书记、局长，市公安局党委委员、副局长等职。纪检监察机关查明，徐某利用职务便利，为花某在消防检查、警情处置、纠纷解决等方面提供帮助。徐某向花某口头预订其公司开发的房产一套，但未办理合同签订等手续，亦未支付任何费用。后徐某因个人原因放弃购买该房屋，花某将该房屋卖给第三人，为感谢徐某此前的帮助，其以卖房差价的名义赇送给徐某 39 万余元。徐某到案后，对其收受花某 39 万余元贿赂款的事实供认不讳。但案发前花某已死亡，致使该笔行受贿事实重要证言缺失。为形成证明受贿罪的证据链，监察机关围绕行受贿犯罪权钱交易的本质和赃款的来龙去脉调查取证，依法依规向负有作证义务的党员和群众调取证人证言，通过询问完善了言词证据，并调取相关记账凭证、计算卖房差价数额的便笺纸、物业费缴款记录等书证，最终形成充分印证花某向徐某行贿 39 万余元事实的完整证据链。× 年 1 月 27 日，市监委将徐某涉嫌受贿罪一案移送某市人民检察院审查起诉。2 月 21 日，徐某被开除党籍、开除公职。3 月 24 日，市人民检察院以徐某涉嫌受贿罪向市中级人民法院提起公诉。

❮ 底 线 提 醒 ❯

　　党员是党组织的成员，必须对组织忠诚。纪检监察机关是推进党的自我革命的重要力量，肩负特殊政治责任和光荣使命任务，在依法依规办案过程中，纪检监察工作人员有权依法向有关单位和个人了解情况，收集、调取证据，根据《监察法》《政务处分法》《纪律处分条例》的有关规定，被调查的单位和个人应当如实提供情况。知道案件相关情况的党员，虽不是案件的当事人、涉案人，但却是影响案件证据情况的证人，党员依法依规有作证义务，即在面对案件审查时、纪检监察机关工作人员调查询问有关情况时，党员必须本着对党内同志、党组织和党的事业高度负责的态度，客观如实反映情况，严肃认真履行作证义务。不得以任何借口拒绝作证、不得在作证时故意提供虚假情况，任何人都没有拒绝作证的特权。同时，还应对被询问的情况和本人陈述的内容保守秘密。

14

如实向组织履行报告义务

《纪律处分条例》第八十一条：有下列行为之一，情节较重的，给予警告或者严重警告处分：

（一）违反个人有关事项报告规定，隐瞒不报；

（二）在组织进行谈话函询时，不如实向组织说明问题；

（三）不按要求报告或者不如实报告个人去向；

（四）不如实填报个人档案资料。

有前款第二项规定的行为，同时向组织提供虚假情况、掩盖事实的，依照本条例第六十三条规定处理。

篡改、伪造个人档案资料的，给予严重警告处分；情节严重的，给予撤销党内职务或者留党察看处分。

隐瞒入党前严重错误的，一般应当予以除名；对入党多年且一贯表现好，或者在工作中作出突出贡献的，给予严重警告、撤销党内职务或者留党察看处分。

　　党员、干部要正确对待组织，对党组织忠诚老实。在党组织面前，党员、干部不能隐瞒自己，不能信口雌黄。党员、干部之间也应该言行一致、表里如一，讲真话，讲实话，讲心里话。《关于新形势下党内政治生活的若干准则》规定："领导干部必须强化组织观念，工作中重大问题和个人有关事项必须按规定按程序向组织请示报告，离开岗位或工作所在地要事先向组织请示报告。对无正当理由不按时报告、不如实报告或隐瞒不报的，要严肃处理。"修订出台的《领导干部报告个人有关事项规定》和新制定的《领导干部个人有关事项报告查核结果处理办法》是贯彻以习近平同志为核心的党中央坚定推进全面从严治党的部署要求，加强对领导干部管理和监督，促进领导干部遵纪守规、廉洁从政的重要组织纪律。个人档案资料作为记录个人工作、成长经历的重要资料，是组织了解干部的重要依据。党员特别是领导干部要慎重对待个人档案，客观、真实地填写档案材料，对组织老实、忠诚。篡改、伪造个人档案资料行为的实质是欺瞒组织，对党不忠。这一行为不仅影响党组织对个人真实情况的了解和判断，扰乱正常的选人用人机制，还会污染政治生态、破坏组织纪律，因此必须予以严惩。

警 示 案 例

经查，某部原党组成员、政治部主任苏某的年龄、入党材料、工作经历、学历、家庭情况等全面造假，长期欺瞒组织；金钱开道，一路拉关系买官和谋取荣誉，从一名私营企业主一步步变身为副部级干部；亦官亦商，控制经营多家企业，通过不正当手段为企业谋取利益；对抗组织审查。为在职务提拔、企业经营等方面谋取不正当利益，送给国家工作人员巨额财物，涉嫌行贿犯罪。价值观念严重扭曲，严重违反党的纪律，并涉嫌违法犯罪，严重损害了党的形象和选人用人制度，破坏了相关地方和单位的政治生态，性质恶劣、情节严重。依据《纪律处分条例》等有关规定，经中央纪委常委会会议研究并报中共中央批准，决定给予苏某开除党籍处分；由监察部报国务院批准，给予其开除公职处分；撤销其违规获得的荣誉称号；将其涉嫌犯罪问题及所涉款物移送司法机关依法处理。

底 线 提 醒

党员领导干部首先应从主观上强化纪律意识，谨记对党忠诚的党员义务，守住诚信底线。具体而言，应当牢记以下要点：第一，不得违反个人有关事项报告规定，隐瞒不报个人有关事项。报告个人有关事项不是领导干部个人的小事，而是检验领导干部是否对党忠诚老实、遵规守纪的大事。第二，不得在接受组织谈话、函询时，不如实向组织说明问题。党组织为处理问题线索、了解相关情况，常对党员领导干部进行谈话或者函询，这是党组织的重要工作方法。党员领导干部必须如实反映情况，积极配合组织工作。对不如实向组织说明问题的行为，或为逃避惩处而故意向组织提供虚假情况、掩盖事实的行为，必须严肃查处。第三，不得不按要求报告或者不如实报告个人去向。党员领导干部肩负重要职责，不可出现"独来独往、自由散漫"等目无组织的情况。第四，不得在填报个人档案资料时弄虚作假。包括不如实填报身份、年龄、工龄、党龄、学历、经历等方面的档案资料信息。第五，不得故意隐瞒入党前严重错误。根据有关规定，党员向党组织隐瞒的入党前错误行为，如属重大问题，一般应对该党员予以党内除名；对于入党多年且一贯表现好或在工作中作出了突出贡献的，可留在党内，酌情给予党纪处分。党员向党组织隐瞒的入党前的错误如属一般问题，可不予追究，但要对该党员进行批评教育。

15

严禁违规参加老乡会、校友会、战友会

《纪律处分条例》第八十二条：党员领导干部违反有关规定组织、参加自发成立的老乡会、校友会、战友会等，情节严重的，给予警告、严重警告或者撤销党内职务处分。

〈 准 确 理 解 〉

针对现实中存在的将纯洁的党内关系庸俗化、私人感情化的情况，习近平总书记强调，要警惕同学、同行、同乡、同事等小圈子聚会，因为搞不好就会形成宗派主义、山头主义、小圈子。禁止党员领导干部违规组织、参加自发成立的老乡会、校友会、战友会等，就是为防止党员领导干部，热衷于编织关系网，搞小圈子，拉帮结派，搞人身依附、官商勾结，进行权钱交易等方式的利益输送。党员包括领导干部在正常范围内的老乡、校友、战友聚会等人际交往并不违反党的纪律。

《 警 示 案 例 》

×年8月1日，中央纪委国家监委网站发布消息，某广播电视台原党委书记、台长王某严重违纪被开除党籍和公职。在王某的违纪行为中，其中两项是违反政治纪律，拉帮结派、培植亲信，搞"小圈子"，隐匿销毁证据，对抗组织审查；违反组织纪律，个人决定重大事项，违规录用、提拔身边工作人员。

《 底 线 提 醒 》

党员领导干部应当牢记，第一，不得违反有关规定组织、参加自发成立（未经民政部门登记注册）的老乡会、校友会、战友会的各种联谊会之类的组织，不得担当这类联谊会的发起人和组织者，不得在这类联谊会中担任相应职务；第二，不得借社会交往编织"关系网"，搞亲亲疏疏，团团伙伙，更不得有"结盟""金兰结义"等行为形成"小圈子"，进行非组织活动；第三，应当自觉抵制借联谊、聚会之名，大吃大喝，更不得利用职权、公款为此类组织和活动提供赞助或者用公款报销此类活动经费。广大党员要恪守纪律规矩底线，自觉遵守廉洁自律各项要求，真正使中央八项规定精神内化于心、形成自觉。

16

严禁搞非组织活动破坏民主程序

《纪律处分条例》第八十三条：有下列行为之一的，给予警告或者严重警告处分；情节较重的，给予撤销党内职务或者留党察看处分；情节严重的，给予开除党籍处分：

（一）在民主推荐、民主测评、组织考察和党内选举中搞拉票、助选等非组织活动；

（二）在法律规定的投票、选举活动中违背组织原则搞非组织活动，组织、怂恿、诱使他人投票、表决；

（三）在选举中进行其他违反党章、其他党内法规和有关章程活动。

搞有组织的拉票贿选，或者用公款拉票贿选的，从重或者加重处分。

《 准 确 理 解 》

搞非组织活动破坏民主程序是严重违背党的组织纪律，危害党内政治生态，破坏中国特色社会主义政治制度的违纪行为。《关于新形势下党内政治生活的若干准则》规定："党的任何组织和个人不得以任何方式妨碍选举人依照规定自主行使选举权，坚决反对和防止侵犯党员选举权和被选举权的现象，坚决防止和查处拉票贿选等行为。"党的十八大以来，严肃查处的湖南衡阳破坏选举案、四川南充拉票贿选案、辽宁拉票贿选等案件，充分体现了党坚持全面从严治党，维护党纪国法权威和尊严的坚定决心。

〈 警 示 案 例 〉

某市委五届一次全会前，时任某县县委书记杨某用公款 80 万元，自己出面或安排下属，向部分可能成为市委委员的人员送钱拉票，通过拉票贿选当选市委常委。经查，该市在有关干部民主推荐中存在送钱拉票问题，时任该市市委书记吕某和市纪委、市委组织部相关负责人涉嫌失职渎职，共涉及人员 477 人，其中组织送钱拉票的 16 人，帮助送钱拉票的 227 人，接受拉票钱款的 230 人，失职渎职的 4 人；涉案金额 1671.9 万元。根据有关党纪政纪、法律法规，该省对涉案人员全部作出严肃处理。其中，主要包括杨某、吕某等给予开除党籍开除公职处分并移送司法机关处理的 33 人，给予撤销党内外职务以上处分的 77 人，给予严重警告并免职、严重警告、警告或行政记大过、记过处分以及免职处理 267 人，诫勉谈话、批评教育 100 人。

底　线　提　醒

　　严守组织纪律，党员领导干部必须牢记，第一，不得在政治生活中搞非组织活动破坏民主程序，在民主推荐、民主测评、组织考察和党内选举中搞拉票、助选、贿选等非组织活动。搞收买人心、拉票贿选是"七个有之"问题之一，它动摇了党的干部工作根基，危害党的政治生态，损害党和政府形象。第二，不得在法律规定的投票、选举活动中违背组织原则搞非组织活动，不贯彻组织意图，违背组织原则，组织、怂恿、诱使他人投票、表决。这一行为是对党组织意图贯彻实施的严重破坏，是对党的主张通过法定程序成为国家意志、使党组织推荐的人选通过法定程序成为国家机关领导人的严重阻碍。第三，不得在选举中进行其他违反党章、其他党内法规和有关章程的活动，如篡改选举结果或者更改选举票数等。第四，不得搞有组织的拉票贿选，或者用公款拉票贿选。这类行为比一般的拉票、助选、干扰选举等活动对党的纪律和党员权利的破坏更为严重，对政治生态影响更为恶劣。

17

严格依法依规选拔任用干部

《纪律处分条例》第八十四条：在干部选拔任用工作中，有任人唯亲、排斥异己、封官许愿、说情干预、跑官要官、突击提拔或者调整干部等违反干部选拔任用规定行为，对直接责任者和领导责任者，情节较轻的，给予警告或者严重警告处分；情节较重的，给予撤销党内职务或者留党察看处分；情节严重的，给予开除党籍处分。

用人失察失误造成严重后果的，对直接责任者和领导责任者，依照前款规定处理。

第八十五条：在推进领导干部能上能下工作中，搞好人主义，有下列行为之一，对直接责任者和领导责任者，情节较重的，给予警告或者严重警告处分；情节严重的，给予撤销党内职务或者留党察看处分：

（一）以党纪政务等处分规避组织调整；

（二）以组织调整代替党纪政务等处分；

（三）其他避重就轻作出处理行为。

〈 准 确 理 解 〉

　　党的干部是党的宝贵财富。习近平总书记在全国组织工作会议上指出："贯彻新时代党的组织路线，建设忠诚干净担当的高素质干部队伍是关键，重点是要做好干部培育、选拔、管理、使用工作。"各级党组织和党的领导干部要把握好用人导向，坚决防止和纠正选人用人上的不正之风，建设忠诚干净担当的干部队伍。《关于新形势下党内政治生活的若干准则》规定，"坚持正确选人用人导向，是严肃党内政治生活的组织保证"，"党的各级组织必须自觉防范和纠正用人上的不正之风和种种偏向。坚决禁止跑官要官、买官卖官、拉票贿选等行为"，"领导干部要带头执行党的干部政策，不准任人唯亲、搞亲亲疏疏，不准封官许愿、跑风漏气、收买人心，不准个人为干部提拔任用打招呼、递条子。领导干部不得干预曾经工作生活过的地方、曾经工作过的单位和不属于自己分管领域的干部选拔任用工作，有关地方和单位党组织要抵制这种违反党的组织原则的行为"。此次修订新增在推进领导干部能上能下工作中搞好人主义、避重就轻行为的处分规定，是落实党的二十大报告"推动干部能上能下、能进能出"要求的重要举措。

〈 警 示 案 例 〉

　　×年9月，某省某县县委副书记、县长范某在牵头负责县委全面工作期间，某市正在酝酿该县委常委补缺人选，向范某征求意见。范某认为，时任副县长高某工作不错，能力较强，重用为县委常委合适。此后，市委考察组在找范某进行个别谈话，了解高某在廉洁自律方面是否存在不良反映时，范某表示未听到高某有廉洁自律方面的不良反映。然而×年4月至10月，范某先后三次收到徐某打来的举报电话，反映副县长高某存在生活作风问题，范某都说，等他了解一下情况再说。事后，范某找高某了解情况，高某让其放心，称自己没有问题；范某又向该县常务副县长询问了这一情况，得到没有听到过相关反映的反馈。范某在市委选拔任用高某担任县委常委考察个别谈话中，未如实向组织报告其收到的有关高某生活作风方面的举报情况。高某在受到重用后不久，便因违纪问题被开除党籍、取消副县级待遇、降为科员，此事在社会上造成不良影响。范某收到举报后并未如实向组织报告，导致存在问题的干部通过考察被重用，在选人用人工作中出现的问题最终让范某受到问责：×年2月，经市纪委常委会研究，并经市委常委会批准，决定给予其党内警告处分。

❮ 底 线 提 醒 ❯

　　吏治腐败是最大的腐败。从严治党，必先从严治吏，要抓住管权治吏的要害，从严查处用人腐败。在干部选拔任用过程中，党员领导干部应当严守组织纪律，不准私自泄漏有关情况，不准在干部考察工作中隐瞒或者歪曲事实真相，不准利用职务便利私自干预干部选拔任用工作，不准违规突击提拔、调整干部等。选拔任用干部不能夹杂私心、任人唯亲，也不能摒弃原则说情干预、封官许愿，应当根据实际情况，在民主评议的基础上，严格遵循组织程序公平公正公开开展人事变动。要努力促进形成能者上、优者奖、庸者下、劣者汰的良好局面。

党员领导干部遵守组织纪律，避免犯"七个有之"中的封官许愿等干部选拔任用中的问题，必须牢记严格遵守《党政领导干部选拔任用工作条例》中规定的十项纪律，不准私自泄露动议、民主推荐、民主测评、考察、酝酿、讨论决定干部等有关情况；不准在干部考察工作中隐瞒或者歪曲事实真相；不准利用职务便利私自干预下级或者原任职地区、单位干部选拔任用工作；不准在工作调动、机构变动时，突击提拔、调整干部；不准在干部选拔任用工作中封官许愿，任人唯亲，营私舞弊等。

18

严禁在组织人事工作中违规牟利

《纪律处分条例》第八十六条：在干部、职工的录用、考核、职务职级晋升、职称评聘、荣誉表彰，授予学术称号和征兵、安置退役军人等工作中，隐瞒、歪曲事实真相，或者利用职权或者职务上的影响违反有关规定为本人或者其他人谋取利益的，给予警告或者严重警告处分；情节较重的，给予撤销党内职务或者留党察看处分；情节严重的，给予开除党籍处分。

弄虚作假，骗取职务、职级、职称、待遇、资格、学历、学位、荣誉、称号或者其他利益的，依照前款规定处理。

《 准 确 理 解 》

习近平总书记指出，要严明组织人事纪律，对违反组织人事纪律的坚决不放过。作为党员领导干部，应以对党的事业负责的高度政治责任感，认真履行人事工作岗位职责，严格遵守党的有关干部、劳动、人事工作方面的法规制度，包括《党政领导干部选拔任用工作条例》《党政领导干部选拔任用工作责任追究办法（试行）》等法规，按照程序，遵规守矩地做好每一项工作，不能突破底线，违纪违法，更不能以权谋利。《关于新形势下党内政治生活的若干准则》明确规定："凡因弄虚作假、隐瞒实情给党和人民事业造成重大损失的，凡因弄虚作假、隐瞒实情骗取荣誉、地位、奖励或其他利益的，凡因纵容、唆使、暗示或强迫下级弄虚作假、隐瞒实情的，都要依纪依规严肃问责追责。"此次修订，增写了对在授予学术称号中弄虚作假、违规谋利行为的处分规定，将有力保障人才评价机制的落实。

警 示 案 例

经查，×年10月，某自治区某厅原党组书记、厅长曹某违反组织原则，将时任出版社发行部主任刘某任命为该厅社会保险中心副主任（正处级）。刘某×年在担任某省某乡乡党委书记期间，因违反纪律被该市纪委给予撤销党内职务处分。之后刘某伪造个人档案材料，其中职务级别、工作经历、出生时间和入党、年度考核等情况都存在造假情况，涉嫌造假骗官，被群众举报至中央巡视组，造成恶劣影响。刘某已于×年1月被开除党籍、开除公职。曹某作为某厅党组书记、厅长违反组织纪律，在选拔任用干部中不认真考察，选拔任用不符合条件的干部，用人失察失误，造成恶劣影响，除此之外，曹某还从原工作过的3个单位先后调入8名干部并提拔使用，从原籍所在地调入 1 名干部并予以重用；区直林场超职数配备干部；为一些利益关系人与身边工作人员的亲属、朋友安排调动工作等，造成严重不良影响，违反《纪律处分条例》《党政领导干部选拔任用工作条例》等相关规定，依法严肃追究其违纪责任。

底　线　提　醒

　　党员领导干部要切实维护组织人事工作原则性、严肃性，严守组织人事工作纪律，必须牢记以下底线：第一，不得隐瞒、歪曲事实真相或者利用职权、职务上的影响违规谋取人事利益。即违反党的有关干部、劳动、人事工作方面的法规制度，《地方党政领导班子和领导干部综合考核评价办法（试行）》《党政工作部门领导班子和领导干部综合考核评价办法（试行）》《党政领导班子和领导干部年度考核办法（试行）》等法规。党员干部如在此间收受他人财物的，则构成受贿罪。第二，必须对党忠诚，做老实人。不得弄虚作假，骗取职务、职级、职称、待遇、资格、学历、学位、荣誉或者其他利益。"弄虚作假"，一般是指以虚构、谎报、隐瞒、伪造事实的手段，欺骗组织，取得上述人事利益的行为。

第三章

严守廉洁纪律

　　清正廉洁，是共产党人的基本底线。廉洁纪律是党为确保各级组织和全体党员在从事公务和其他活动时清正廉洁而确立的行为规则。党章明确规定，党的各级领导干部必须信念坚定、为民服务、勤政务实、敢于担当、清正廉洁。党员干部必须正确行使人民赋予的权力，清正廉洁，反对任何滥用职权、谋求私利的行为。廉洁纪律是在廉洁方面，为全体党员特别是领导干部划定的不可触碰的底线。广大党员干部应当一身正气、两袖清风，清清白白做人，干干净净做事，拒腐蚀、永不沾，做一个堂堂正正的共产党人。

19

严禁以权谋私

《纪律处分条例》第九十四条：党员干部必须正确行使人民赋予的权力，清正廉洁，反对特权思想和特权现象，反对任何滥用职权、谋求私利的行为。

利用职权或者职务上的影响为他人谋取利益，本人的配偶、子女及其配偶等亲属和其他特定关系人收受对方财物，情节较重的，给予警告或者严重警告处分；情节严重的，给予撤销党内职务、留党察看或者开除党籍处分。

〈 准 确 理 解 〉

习近平总书记强调，所有党员、干部都要戒贪止欲、克己奉公，切实把人民赋予的权力用来造福人民。要把家风建设摆在重要位置，廉洁修身，廉洁齐家，防止"枕边风"成为贪腐的导火索，防止子女打着自己的旗号非法牟利，防止身边人把自己"拉下水"。

《准则》明确要求党员干部应当"廉洁从政、廉洁用权、廉洁修身、廉洁齐家。"为此，必须规范、正确行使自己手中的权力，用一颗"平常心"看待自己手中的权力，清醒认识权力来自人民，权力是用来为人民服务的这些基本道理。认识到权力是柄双刃剑，错误地行使权力，滥用职权、谋求私利，不仅会使个人身败名裂，还会直接影响人民群众对党的评价。党员领导干部必须时刻警醒自己依法用权、廉洁用权。

警 示 案 例

×年，某市公共绿化管理所原所长冯某利用职务便利，与张某相互勾结，在项目招投标过程中，冯某提前将工程项目相关信息告知公司法定代表人、经理张某，由张某负责组织多家公司围标串标。冯某先后帮助张某挂靠的16家企业承揽该所相关工程项目，获利2000余万元。冯某从中收取巨额好处费。×年10月，冯某受到开除党籍、开除公职处分。其涉嫌犯罪问题移送检察机关依法审查起诉，所涉财物随案移送。

底 线 提 醒

第一，党员领导干部要竖起思想上的防线，始终铭记正确行使人民赋予的权力，在工作和生活中始终保持清正廉洁，不把公权力与个人利益混为一谈，不实施任何滥用职权、谋求私利的行为。第二，要管好"身边人"，严禁以权谋私利行为的主体既包括党员领导干部本人，也包括本人的配偶、子女及其配偶等亲属和其他特定关系人。第三，"知情"、"不知情"性质不同，但均须担责。党员干部不知道亲属和其他特定关系人收受财物的，即不"知情"，此时构成违纪；如果党员干部利用职权或者职务上的影响为他人谋利，且对其亲属和其他特定关系人收受对方财物行为知情，则应当按照受贿论处。第四，不得"利用职权"谋取私利。党员领导干部利用本人职务上主管、负责、承办某项公共事务的职权，或者利用职务上有隶属、制约关系的其他人员的职权即属于利用职权。第五，不得"利用职务上的影响"谋取私利。"职务上的影响"是指，行为人与被其利用的人员之间在职务上虽然没有隶属、制约关系，但是行为人利用了本人职权或者地位产生的影响，或者利用了一定的工作联系，如同一单位内不同部门的人员之间，工作上形成的工作联系单位及其人员之间等均在此范围内。第六，"特定关系人"是指与本人有近亲属、情妇（夫）以及其他共同利益关系的人。

20

反对特权思想和作风

《纪律处分条例》第九十四条：党员干部必须正确行使人民赋予的权力，清正廉洁，反对特权思想和特权现象，反对任何滥用职权、谋求私利的行为。

利用职权或者职务上的影响为他人谋取利益，本人的配偶、子女及其配偶等亲属和其他特定关系人收受对方财物，情节较重的，给予警告或者严重警告处分；情节严重的，给予撤销党内职务、留党察看或者开除党籍处分。

‹ 准 确 理 解 ›

坚决反对特权思想和特权现象，是党中央一以贯之的坚定政治宣示。党的十八大以来，习近平总书记以转变作风破题开局，严纠"四风"、严肃党纪、严惩腐败，多次强调反对特权思想、特权现象。党的二十大报告强调，坚决破除特权思想和特权行为。此次修订增写反对特权思想和特权现象，对标二十大党章修正案新增内容，体现了充实党员干部廉洁自律的总体要求。将有力引导党员领导干部牢记人民公仆的角色定位，为政清廉、不搞特权。广大党员干部要自觉同形形色色的特权思想、特权现象作斗争，习惯在受监督和约束的环境中工作生活。

特权是最大的不公，严重影响党的形象、侵蚀党的健康肌体、动摇党的执政基础。所谓特权，就是法律、制度规定之外的特殊权利。特权是腐败产生的思想根源和重要条件。特权问题的产生，有诸多方面的原因，但根子是权力观扭曲，法纪观念淡薄，思想这个总开关出了问题。尤其要看到，特权是腐败的催化剂，很多腐败问题都由特权现象带来的不正之风而肇始。近年来查处的案件中，领导干部特权思想严重、进而腐化堕落的不在少数。反腐败必先反特权，从源头上消除腐败问题，就要深层次解决特权问题。以更加坚定的信心、更加鲜明的态度、更加有力的措施，坚决反对特权思想和作风，是各级党组织和广大党员干部的共同责任。

警 示 案 例

×年5月10日，中央纪委国家监委网站发布消息，某省人大常委会原党组成员、副主任，省总工会原主席龚某严重违纪违法被开除党籍和公职。经查，龚某丧失理想信念，弃守职责使命，将党和国家的荣誉私相授受；违反中央八项规定精神，特权思想严重，贪图享乐，接受可能影响公正执行公务的宴请。×年10月23日，某中管企业原党组书记、董事长李某受到留党察看二年处分。通报指出，李某身为党的高级领导干部，长期担任中央管理企业主要领导职务，政治意识和纪律规矩意识淡漠，长期对家属失管失教，特权思想严重，违反中央八项规定精神，多次违规出入私人会所，多占公车且长期公车私用，超标准使用办公用房。

〈 底 线 提 醒 〉

　　特权思想和特权行为之所以时有出现，从根源上讲，在于一些领导干部理想信念出了问题。要从思想根源入手，通过开展经常性党性教育、纪律教育等，筑牢反对特权思想和特权行为的思想堤坝。要坚持正面教育和反面警醒相结合，以身边事教育身边人，引导党员干部知敬畏、存戒惧、守底线，做到纪律面前人人平等，遵守纪律没有特权、执行纪律没有例外。不受约束的权力必然滋生特权和腐败，要坚持关口前移、预先防范，加强权力监督，努力压减特权现象的生存空间。特权问题与制度机制缺失直接相关，要深化制度改革，真正把权力关进制度的"笼子"。必须以坚强的党性原则和较真碰硬的责任担当加大惩治力度，严肃查处特权行为。要深入推进新时代廉洁文化建设，发挥廉洁文化固本培元、正心修身的作用，引导党员干部在潜移默化中涵养克己奉公、清廉自守的精神境界，凝聚起反对特权思想和特权行为的广泛共识。

21

严禁权权交易

《纪律处分条例》第九十五条：相互利用职权或者职务上的影响为对方及其配偶、子女及其配偶等亲属、身边工作人员和其他特定关系人谋取利益搞权权交易的，给予警告或者严重警告处分；情节较重的，给予撤销党内职务或者留党察看处分；情节严重的，给予开除党籍处分。

> 〈 准 确 理 解 〉

习近平总书记在中央党校 2010 年秋季开学典礼上的重要讲话《领导干部要树立正确的世界观权力观事业观》指出："领导干部工作上要大胆，用权上则要谨慎，常怀敬畏之心、戒惧之意，自觉接受纪律和法律的约束。"在现实中，领导干部不能公正用权、廉洁用权，不仅表现在以权谋取私利上。还出现了将权力视为私器，进行权力交易的情况。禁止权权交易，意在刹住利用手中的权力互为对方谋取利益的歪风。党员领导干部违反此条廉洁纪律时，在主观思想上是故意，权力交易的双方对互用权力达成对方的利益形成了某种共识或者默契。

〈 警 示 案 例 〉

经查，水某（某省政府原党组成员、副省长）违反廉洁纪律，具体表现为：利用职权为亲友经营活动谋取利益，搞权权交易，利用国有企业的资源谋取私利。水某身为党的高级领导干部，违背党的宗旨，漠视群众利益长期搞特权，进行利益输送和利益交换，严重违反党的纪律，并涉嫌多种违法犯罪，且在党的十八大后不收敛、不收手，应予严肃处理。×年4月，依据《纪律处分条例》等有关规定，经中央纪委常委会会议研究并报中共中央批准，决定给予水某开除党籍处分；由国家监委给予其开除公职处分；收缴其违纪所得；将其涉嫌犯罪问题、线索及所涉款物移送有关国家机关依法处理。

〈 底 线 提 醒 〉

党员领导干部要守住不进行权权交易的底线，首先需要在思想上树立正确的权力观，永葆权力只能用来为人民服务的政治本色。其次，党员领导干部不得进行权权交易，既包括不得在事前认识到并希望、放任通过权力进行利益交换的情形，也包括在为对方谋取利益后要求对方运用权力回报利益的情形。再次，为对方谋取利益的受益主体，既包括自己或自己的亲属，也包括身边工作人员和其他特定关系人。最后，双方利用权力互相谋利的本质仍是以权谋私，实质是一种利益交换。这种利益交换是否最终完成或者实现，并不影响违纪的认定。只要党员干部相互之间达成了权力交易以谋取私利的共识、默契，即构成违反此项廉洁纪律。

22

管好身边人

《纪律处分条例》第九十六条：纵容、默许配偶、子女及其配偶等亲属、身边工作人员和其他特定关系人利用党员干部本人职权或者职务上的影响谋取私利，情节较轻的，给予警告或者严重警告处分；情节较重的，给予撤销党内职务或者留党察看处分；情节严重的，给予开除党籍处分。

党员干部的配偶、子女及其配偶等亲属和其他特定关系人不实际工作而获取薪酬或者虽实际工作但领取明显超出同职级标准薪酬，党员干部知情未予纠正的，依照前款规定处理。

第一百零七条：党员领导干部的配偶、子女及其配偶，违反有关规定在该党员领导干部管辖的地区和业务范围内从事可能影响其公正执行公务的经营活动，或者有其他违反经商办企业禁业规定行为的，该党员领导干部应当按照规定予以纠正；拒不纠正的，其本人应当辞去现任职务或者由组织予以调整职务；不辞去现任职务或者不服从组织调整职务的，给予撤销党内职务处分。

准 确 理 解

　　党员领导干部不仅要自身过得硬，还要管好亲属和身边工作人员。如果失于监督和管教，致使这些身边人擅权干政，纵容他们影响政策制定和人事安排，甚至默许他们利用特殊身份谋取非法利益，不仅会使其本人违纪违法，而且还会造成恶劣的社会影响，败坏党的形象。习近平总书记强调，"要增强政治定力、道德定力，构筑起不想腐的思想堤坝，清清白白做人、干干净净做事。要管好家属子女和身边工作人员，坚决反对特权现象，树立好的家风家规"。要加强对亲属和身边工作人员的教育和约束，要求他们守德守纪守法。

　　为严格规范党员领导干部廉洁用权，《纪律处分条例》不仅严禁主动积极作为方式的以权谋利，还对以"不作为"方式、纵容滥用公权力的影响力谋利或听之任之的情形作出了禁止性规定。一方面，在《关于新形势下党内政治生活的若干准则》《党内监督条例》中都明确规定党员领导干部的配偶、子女及其配偶不得违规经商办企业，不得违规任职、兼职取酬；另一方面，明确了党员领导干部对近亲属违规从业或经营的纠正义务。即无论是否利用了职权和职务上的影响为其谋利，党员领导干部的直系亲属都不得在其职权影响范围内担任企业职务或者开展经营活动。此次修订在第一百零七条完善了对领导干部亲属违规经商办企业拒不纠正的处分规定，是促进党员领导干部廉洁从政、廉洁用权、廉洁修身、廉洁齐家的重要举措。

❮ 警 示 案 例 ❯

经查，某高等专科学校原党委书记、市教育局原局长宋某利用职务便利，单独或伙同妻子、女儿索取、收受 40 多个单位或个人的房产、现金、银行卡、购物卡等财物，折合人民币 864 万余元；贪污公款 324 万余元；挪用公款 1000 万元给他人用于经营活动，谋取个人利益。宋某不仅自己到处伸手，而且默许、纵容家人亲属利用其职务影响收受钱财。其妻子、女儿对宋某严重违纪违法行为不仅不制止、不规劝，而且主动参与其中，伙同宋某收受贿赂达 255 万余元，占宋某受贿案值近三分之一，起了推波助澜的作用。其妻子借宋某帮助别人安排工作、为房地产商和教学仪器供应商等谋取利益，与宋某收受、索要汽车、房产、现金等贿赂 235 万余元，被开除党籍、开除公职，因犯受贿罪被判处有期徒刑十年；其女儿怂恿宋某指派市教育局所属学校采购请托人所售教学设备，主动索贿 40 万元；其妻妹长期帮助宋某夫妇保管、经营、隐匿违纪违法所得，并利用赃款炒房、放贷获利；其妻兄借负责开发市教育局房产项目之机，从中获利 60 万元。宋某案件涉案党员和公职人员达 43 人。经市委批准，市及有关区县纪检监察机关逐一立案调查，根据情节、性质、态度和一贯表现，依纪依规作出处理：给予开除党籍、开除公职等党纪政纪处分 25 人，给予警示诫勉处理 18 人。

底 线 提 醒

　　党员领导干部要管好身边人，不触碰对身边人失管的底线。第一，不得纵容、默许亲属、身边工作人员和其他特定关系人利用党员干部本人职权或者职务上的影响谋取私利。此处的"纵容"，是明知身边人有利用本人职权或者职务上的影响谋取私利的行为而听之任之，不加制止。"默许"是指在已经知情的情况下，虽然没有明确地表示同意，但以回避、装聋作哑等方式暗示了对该行为的许可。第二，党员干部不得在知情情况下，对身边人以挂名等方式，违规取酬不予纠正。包括身边人不实际在某处工作而获取薪酬、虽实际工作但领取明显超出同职级标准薪酬。第三，"在该党员领导干部管辖的地区和业务范围内从事可能影响其公正执行公务的经营活动"，主要是指：（1）主管行业的部门和行政机构的领导干部，党委、政府领导班子成员中分管上述部门和行政机构的领导干部，其配偶、子女在该领导干部管辖的业务范围内，从事与该领导干部管辖的行业业务相同的经商办企业活动；与该领导干部管辖的部门、行政机构、行业内的机关、社会团体、国有企业、事业单位直接发生商品、劳务、经济担保等经济关系。（2）主管教育、文化、体育、卫生、民政等事业的部门和行政机构的领导干部，党委、政府领导班子成员中分管上述部门和行政机构的领导干部，其配偶、子女在该领导干部管辖的业务范围内，从事属于该领导干部管辖的部门和行政机构管理的经营性活动；与该领导干部管辖的部门和行政机构及其所属的机关、社会团体、事业单位直接发生商品、劳务、经济担保等经济关系。(3) 除第（1）项、第（2）项以外的其他党政机关的领导干部，其配偶、子女从事向该领导干部管辖的业务范围内的党政机关、社会团体提供商品、劳务等经营活动；在该领导干部管辖的业务范围内从事由政府投资或审批的项目的投标、承包等活动。(4) 领导干部的配偶、子女在该领导干部任职单位管辖的地区内从事营业性酒店、饭店、娱乐、商城、洗浴等行业的经营活动。(5) 单位领导班子中的领导干部，其配偶、子女为该单位直接管辖的案件和具体事项提供有偿社会中介和法律服务活动；单位内设机构的领导干部，其配偶、子女为该内设机构直接管辖的案件和具体事项提供有偿社会中介和法律服务活动。(6) 上市公司的行业主管部门、上市公司的国有控股单位的主管部门、证券监督管理机构的领导干部，其配偶、子女从事上述部门、机构所管理的公司的证券交易活动，以及从事其他可能与公共利益发生冲突的经商办企业活动。需要特别提醒的是，此次修订新增了"有其他违反经商办企业禁业规定行为"为兜底性条款，进一步强化了纪律约束。

23

严禁违规收礼、送礼

《纪律处分条例》第九十七条：收受可能影响公正执行公务的礼品、礼金、消费卡（券）和有价证券、股权、其他金融产品等财物，情节较轻的，给予警告或者严重警告处分；情节较重的，给予撤销党内职务或者留党察看处分；情节严重的，给予开除党籍处分。

收受其他明显超出正常礼尚往来的财物的，依照前款规定处理。

第九十八条：向从事公务的人员及其配偶、子女及其配偶等亲属和其他特定关系人赠送明显超出正常礼尚往来的礼品、礼金、消费卡（券）和有价证券、股权、其他金融产品等财物，情节较重的，给予警告或者严重警告处分；情节严重的，给予撤销党内职务或者留党察看处分。

以讲课费、课题费、咨询费等名义变相送礼的，依照前款规定处理。

<准 确 理 解>

中国社会有视人情往来为人之常情的传统。但是，党员领导干部肩负行使国家公权力的职责，在人情交往问题上必须严格要求，时刻谨遵党规党纪。根据《关于对党和国家机关工作人员在国内交往中收受礼品实行登记制度的规定》，党员领导干部不得在国内交往中收受可能影响公正执行公务的礼品馈赠，因各种原因未能拒收的礼品，必须登记上交。党员领导干部收受礼品礼金并非无伤大雅的小事，而是严重破坏党群、干群关系的不正之风。从近年来执纪案例看，违规收礼问题仍然比较突出，必须抓早抓小，及时发现及早纠正，防止党员领导干部从收小礼逐步滑向索贿受贿的犯罪泥潭。

<警 示 案 例>

经查，陈某（某市人民检察院原党组书记、检察长）违反廉洁纪律，具体表现为：收受礼品、礼金，利用职务上的便利为他人谋取利益，亲属收受财物，违规从事营利活动。陈某身为党的高级领导干部，理想信念丧失，纪律底线失守，严重违反党的纪律，并涉嫌违法犯罪，严重损害司法公信力和社会公平正义，性质恶劣、影响极坏，系党的十八大后仍不收敛、不收手的典型。×年5月，依据《纪律处分条例》等有关规定，经中央纪委常委会会议研究并

报中共中央批准，决定给予陈某开除党籍处分，取消其退休待遇；收缴其违纪所得；将其涉嫌犯罪问题、线索及所涉款物移送司法机关依法处理。

〈 底 线 提 醒 〉

党员领导干部要防止在人情往来上违纪，需要牢记以下要点：第一，不能混淆正常人情往来与违规收受礼金。禁止违规收礼是因为"可能影响公正执行公务"。这是它与正常社会交往中的人情往来最本质的区别。主要是指与执行公务相关联，可能与公正执行公务相冲突的情形。实践中，领导干部的管理和服务对象、主管范围内的下属单位和个人、工作范围内的自然人和企业等社会主体，以及其他与行使职权有关系的单位和个人所给予的礼品礼物均属禁止收受之列。此外，虽然与公正执行公务无关，但明显超出正常礼尚往来的收受礼品也属违纪。"明显超出正常礼尚往来"是指明显超出当地经济发展、生活水平、风俗习惯、个人经济能力以及一般的、正常的、礼节性的有来有往。第二，违规收礼的时间地点不影响违纪行为的认定。实践中，利用春节、中秋、国庆等节假日或者本人、亲属生病住院、搬家、子女升学、婚丧嫁娶期间大肆收受下级、企业老板等服务对象单方面的赠送，红包、礼金数额较大的均构成违纪。第三，违规收礼包括下级向上级、工作对象向主管部门工作人员、向领导干部家属赠送等情形。第四，收受礼品、礼金、消费卡和有价证券、股权、其他金融产品等财物的行为均构成违规收礼。需要特别提醒的是，此次修订，专门在消费卡后加括号增加了"券"字，意即无论"卡"或"券"均可被认定为违规收礼的具体形式。第五，违规收礼是否形成影响公正执行公务的结果，并不影响违纪行为的认定。即只要具有影响公正执行公务的可能性即在禁止之列。

24

严禁违规借款借物借贷

《纪律处分条例》第九十九条：借用管理和服务对象的钱款、住房、车辆等，可能影响公正执行公务，情节较重的，给予警告或者严重警告处分；情节严重的，给予撤销党内职务、留党察看或者开除党籍处分。

通过民间借贷等金融活动获取大额回报，可能影响公正执行公务的，依照前款规定处理。

〈 准 确 理 解 〉

党员领导干部以"借"的名义获取财物等的使用权，其实质并非朋友之间的互通有无，而是借权力的影响力谋取私利，是权力的异化。因此，所谓名义上的"借用"并不能掩盖廉洁用权纪律的本质。从党的十八大以来查处的相关案例看，借用管理和服务对象的钱款、房屋、车辆和通过民间借贷等金融活动获取大额收益的问题比较突出，社会影响十分恶劣，亟待严惩。2018年，《纪律处分条例》修订中新增的本条禁止性规定，意在使党员领导干部清醒认识"借"并非小节小事，而是涉嫌违反廉洁纪律的违纪行为。此次修订进一步强化了纪律约束，将"影响公正执行公务"改为"可能影响公正执行公务"，即存在影响公正执行公务的可能性就构成违纪。

警 示 案 例

×年1月至×年12月，某市政协原党组副书记、副主席、一级巡视员王某某，长期无偿占用某管理服务对象的一辆轿车，并由其支付使用该车辆产生的费用。×年1月，王某某受到开除党籍处分，按规定取消其享受的待遇，其涉嫌犯罪问题移送检察机关依法审查起诉。

底 线 提 醒

党员领导干部要防止在借款、借物、借贷上违反廉洁纪律，需要明晰以下要点：第一，构成违纪的"借用"行为是指借用管理和服务对象的钱款、住房、车辆等，影响公正执行公务，情节较重的行为。构成违纪的行为是"借用"，而非收受。即涉嫌违纪的党员领导干部在主观上对使用的物品等，本意是要归还的，并没有占为己有的故意。根据相关司法解释的规定，区分借用和受贿时的考量因素包括：有无借用的合理事由、是否实际使用、借用时长、有无归还的条件或者行为与意思表示。第二，相比于直接收受礼品，长期借用私营企业主住房、私营企业主高档汽车等行为具有一定的隐蔽性。也因此容易成为一部分怀有侥幸心理的人，掩盖自己以权谋利行为的幌子。因此，"借用"情节较重的即构成违纪，给予党纪处分。情节较轻的也应当给予批评教育、诫勉或者组织处理等。第三，党员领导干部通过民间借贷等金融活动获取大额回报，可能影响公正执行公务的行为也属违纪，并不能以"理财收益""民间借贷利息"等为名不将其认定为违纪行为。本条禁止性规定的目的在于，堵上以借贷等金融活动为名从事营利性活动、获取大额回报、影响公正执行公务的漏洞。是否有获利的目的、民间借贷一般利率、获利数额、借贷持续时间、是否可能影响公正执行公务等因素均在认定违纪的考量之内。

25

依规操办婚丧嫁娶

《纪律处分条例》第一百条：利用职权或者职务上的影响操办婚丧喜庆事宜，造成不良影响的，给予警告或者严重警告处分；情节严重的，给予撤销党内职务处分；借机敛财或者有其他侵犯国家、集体和人民利益行为的，从重或者加重处分，直至开除党籍。

准 确 理 解

"风成于上，俗形于下"，党员领导干部在生活中的言行举止直接关系到党在人民群众中的形象。为避免党员领导干部利用职权或者职务上的影响，大操大办婚丧喜庆事宜，在社会上造成不良影响，甚至出现个别人借婚丧嫁娶之机敛财的情况，廉洁纪律规定了此项禁止性行为。

⟨ 警 示 案 例 ⟩

　　某省某县交警大队大队长赵某向县纪委报告，称将为其子同城合办婚宴 30 桌。次日，赵某通过单位办公室将婚宴事宜告知交警大队民警。2 月 18 日中午，赵某在当地某酒店为其子举办婚礼，实际置办宴席 28 桌，参加婚礼人数 274 人，送礼金人数 314 人，违规收受服务对象、同事、同学等 176 名亲戚以外人员的礼金 12.83 万元。赵某违规邀请亲戚以外人员参加其子婚宴并收受礼金，受到党内警告处分，被责令退还违规收受的礼金。

⟨ 底 线 提 醒 ⟩

　　党员领导干部要防止在操办婚丧喜庆事宜上违反廉洁纪律，应当牢记以下要点：第一，办理婚丧喜庆事宜是中华民族的传统习俗，党的廉洁纪律的要求是不可利用职权或者职务上的影响大操大办，并不是不允许办。作为一名党员领导干部，必须要以比普通公民更严格的行为准则要求自己，时刻将纪律和规矩挺在前面，严格按规定的程序、标准、方式等操办上述事宜。一般而言，党员给孩子过生日、给父母祝寿摆酒席等，没有利用职务或者职务上的影响，并未违反《纪律处分条例》第九十一条的规定，不宜认定为违反廉洁纪律。第二，操办上述事宜不得利用职权或者职务上的影响，不得因此造成不良影响，更不得借机敛财。一般而言，"造成不良影响"，应当参照当地经济发展、人民生活水平、风俗习惯、当时当地情况条件、群众反映和社会影响等许多因素综合分析判断。所谓"借机敛财"的认定，只要是利用职权或者职务上的影响借操办婚丧喜庆事宜之机敛到钱财，不论多少都是违纪。第三，"其他侵犯国家、集体和人民利益行为"一般是指在操办婚丧喜庆事宜中损公肥私、因私害公，比如，动用公车、公物，占用公共场地等公共资源，因操办婚丧喜庆事宜损害公共利益或他人合法权益等。

26

严禁违规接受、提供宴请或旅游等活动

《纪律处分条例》第一百零一条：接受、提供可能影响公正执行公务的宴请或者旅游、健身、娱乐等活动安排，情节较重的，给予警告或者严重警告处分；情节严重的，给予撤销党内职务或者留党察看处分。

《 准 确 理 解 》

为避免党员领导干部因接受或提供某类活动而对公正执行公务产生不当影响，损害职务行为的廉洁性，在社会上造成不良影响，廉洁纪律对党员领导干部参加宴请或者旅游、健身、娱乐等活动提出了严格的纪律要求。党员领导干部要切实提高政治站位和政治觉悟，把落实中央八项规定和实施细则精神作为检验"四个意识"的重要标尺，带头严格落实，发挥"头雁效应"，不断检视自己，提高自身免疫力。

⟨ **警 示 案 例** ⟩

　　某省某市辖区安全生产监督管理局原副局长赵某，在 × 年 8 月至 × 年间，本人或携妻子、女儿多次接受管理服务对象——某安全评估公司在该地区负责人王某安排的可能影响公正执行公务的宴请和旅游；多次收受管理服务对象——某安全评估公司等多家公司赠送的共计 1 万余元礼金和消费卡；利用召开区企业安全生产工作会议之机，推荐参会企业到指定的某技术服务公司做安全评估。× 年 1 月 23 日，赵某受到党内严重警告、行政降级处分，调离工作岗位，违纪所得被收缴。

⟨ **底 线 提 醒** ⟩

　　党员领导干部应当谨记，执行公务活动，必须遵守廉洁纪律，不得接受或提供可能影响公正执行公务的相关活动或者安排。尤其应当注意，在公务交往中，下级有求于上级，企业主或其他公务活动中的被管理者或者服务对象为执行公务的党员领导干部提供宴请、健身、旅游等活动，均可能构成违反廉洁纪律。下级单位如为获取政治、经济利益而为在上级领导部门工作的人员提供上述类似活动，无论花费多少、是否公款，只要可能影响公正执行公务的，一旦接受即构成违纪。

27

遵守生活消费纪律

《纪律处分条例》第一百零二条：违反有关规定取得、持有、实际使用运动健身卡、会所和俱乐部会员卡、高尔夫球卡等各种消费卡（券），或者违反有关规定出入私人会所，情节较重的，给予警告或者严重警告处分；情节严重的，给予撤销党内职务或者留党察看处分。

〈 准 确 理 解 〉

违背公序良俗看起来是小事，实则是影响共产党员形象，进而影响党的形象的大事。党员能否遵守公序良俗，事关党员形象问题，事关党员发挥先锋模范作用问题，事关社会风气问题。"奢靡之始，危亡之渐"，为避免党员领导干部从高档消费开始逐渐腐化变质，滋生各类腐败问题，党的廉洁纪律明确规定，取得、持有、实际使用消费卡和违规出入私人会所的行为属于违纪行为。

〈 警 示 案 例 〉

　　王某为某市地方税务局副巡视员，党员。其在偶然结识该市某宾馆法人代表殷某后，与之交往。殷某告知王某在其所在税务管辖区域内经营宾馆和餐饮等行业，每年缴税金额较大。×年中秋节期间，殷某赠送王某1万元购物卡及所经营宾馆的价值1万元的健身卡。此间和此后，殷某未谈及任何请王某帮忙的诉求。经查，王某没有承诺为请托人办理具体请托事项，也没有利用职务之便为殷某谋取利益，不构成受贿行为。但王某身为党员，违规取得、持有消费卡，违反了《纪律处分条例》的规定，受到党内警告处分，同时责令退还收受的1万元购物卡及1万元健身卡。

〈 底 线 提 醒 〉

　　党员领导干部要防止在生活消费问题上违反廉洁纪律，应当谨记，在生活中的各项消费行为必须与自己的收入、身份相适应。具体来说：第一，各种高档消费卡（券）不仅不能使用，取得和持有也构成违纪。但是，个人通过自己支付消费金额而获得的健身卡等消费卡不构成违纪。第二，不得出入私人会所。按照《关于进一步整治"会所中的歪风"的通知》规定，党员领导干部不得出入实行会员制、只有会员才能出入的会所或不向公众开放、只对少数人开放的餐饮服务、休闲娱乐、美容健身等场所。

28

严禁违规从事营利活动

《纪律处分条例》第一百零三条：违反有关规定从事营利活动，有下列行为之一，情节较轻的，给予警告或者严重警告处分；情节较重的，给予撤销党内职务或者留党察看处分；情节严重的，给予开除党籍处分：

（一）经商办企业；

（二）拥有非上市公司（企业）的股份或者证券；

（三）买卖股票或者进行其他证券投资；

（四）从事有偿中介活动；

（五）在国（境）外注册公司或者投资入股；

（六）其他违反有关规定从事营利活动的行为。

利用参与企业重组改制、定向增发、兼并投资、土地使用权出让等工作中掌握的信息买卖股票，利用职权或者职务上的影响通过购买信托产品、基金等方式非正常获利的，依照前款规定处理。

违反有关规定在经济组织、社会组织等单位中兼职，或者经批准兼职但获取薪酬、奖金、津贴等额外利益的，依照第一款规定处理。

《纪律处分条例》第一百零八条：党和国家机关违反有关规定经商办企业的，对直接责任者和领导责任者，给予警告或者严重警告处分；情节严重的，给予撤销党内职务处分。

准 确 理 解

党员领导干部肩负着党和国家的重托，他们依法依规廉洁用权是确保权力不与私利交织、不破坏社会主义市场经济公平竞争秩序、营造良好营商环境的基础。廉洁纪律对党员领导干部违规从事经商办企业等营利活动的禁止，意在杜绝人民群众深恶痛绝的官商现象，维护廉洁从政的政治承诺。

警 示 案 例

经查，钱某违反廉洁纪律，以赌博方式敛取巨额钱财，通过"大赌""假赌"大搞权钱交易；违规经商办企业，违规拥有非上市公司股份股权和购买定向增发股票。钱某身为党的高级领导干部，亦官亦商、"亲""清"不分，严重破坏任职地区的政治生态，严重违反党的纪律，构成职务违法并涉嫌犯罪。×年11月，钱某受到开除党籍、开除公职处分。

底 线 提 醒

鱼和熊掌不可兼得，当官发财两条道，当官就不要发财，发财就不要当官。具有公职身份的干部经商、办企业，会大量占用工作时间和精力，且容易导致以权谋私、损公肥私，危害正常的社会经济秩序。

根据新修订的《纪律处分条例》第一百零三条，所谓"经商办企业"，主要是指经营商业、兴办企业，其形式既包括个人独资经商办企业，与他人合资、合股、合作、合伙经商办企业，也包括私自以承包、租赁、受聘等方式经商办企业等。经商办企业的主观目的是获取经济利益或利润，不论经商办企业的客观结果是否营利。值得注意的是，本条针对的是依照规定不允许个人从事营利活动的具有特定身份的党员。不同身份党员限制不同，公务员中的党员根据《中华人民共和国公务员法》的规定，一律不允许经商办企业。

身份即是责任，具有公职身份的干部特别是党员领导干部，一定要认清自己的职责使命。要知道，对党员干部来说，其一言一行、一举一动，都并非单纯的个人行为，影响着党和政府在人民群众中的威信和地位。为党员干部经商办企业画出红线，是对党员干部的一种保护。作为党员干部，应严格遵守党的纪律规定，全心全意为人民服务，决不能为了一己私利，做"既当官，又经商"的"买卖"。需要提醒的是，此次修订删除了对利用内幕信息获利违纪行为的"决策、审批过程中掌握的信息"的限定，代之以"工作中"，无疑加强了对此类行为的查处力度。即只要是利用了工作中掌握的信息非正常获利的，都构成违纪。

29

不得违规为关系人谋利

《纪律处分条例》第一百零四条：利用职权或者职务上的影响，为配偶、子女及其配偶等亲属和其他特定关系人在审批监管、资源开发、金融信贷、大宗采购、土地使用权出让、房地产开发、工程招投标以及公共财政收支等方面谋取利益，情节较轻的，给予警告或者严重警告处分；情节较重的，给予撤销党内职务或者留党察看处分；情节严重的，给予开除党籍处分。

利用职权或者职务上的影响，为配偶、子女及其配偶等亲属和其他特定关系人吸收存款、推销金融产品、经营名贵特产类特殊资源等提供帮助谋取利益的，依照前款规定处理。

〈 准 确 理 解 〉

为切实将权力关进制度的笼子，落实"权为民所用，利为民所谋"，党的廉洁纪律要求，党员领导干部不仅自己不得违规从事营利活动，而且也不得利用职权或职务上的影响，为关系人的经营活动或者涉及审批监管等其他活动谋取利益。此次修订在第一百零四条充实对领导干部违规为亲友经营名贵特产类特殊资源提供帮助谋取利益的处分规定，进一步加强了对领导干部亲友相关违规行为的规制。

◀ 警 示 案 例 ▶

经查，李某（某省质量技术监督局原副巡视员）违反廉洁纪律，官商不分，违规经商办企业，通过他人为亲友承揽工程项目。李某身为党员领导干部，理想信念缺失，背离党的宗旨，目无党纪国法，毫无组织观念，毫无党员意识，毫无纪律底线，应予严肃处理。鉴于其在审查调查期间，认识错误深刻，态度诚恳，能积极配合审查调查工作，如实供述本人违纪违法事实，具有从轻或减轻处分的情形，×年8月，经省纪委监委会议研究并报省委批准，决定给予李某开除党籍处分，降为科员退休待遇。

◀ 底 线 提 醒 ▶

党员领导干部要做到不为关系人谋利，必须牢记：第一，不得利用职权或者职务上的影响。既包括利用本人职务上主管、负责、承办某项事务产生的职权，也包括利用职务上有隶属、制约关系的职权行为，还包括利用本人职权产生的影响，利用因工作而与其他人之间产生的联系等情形。第二，为关系人所谋取的既可以是经营活动中的利益，也可以是涉及审批监管、资源开发、金融信贷、吸收存款、推销金融产品等方面的利益。实践中，一些党员领导干部为将手中的职权"变现"，采取由其亲属或特定关系人出面经商办企业的方式试图规避纪律处分。本条禁令即是对此类行为的规制。除经营行为外，在审批监管、资源开发、金融信贷、大宗采购、土地使用权出让、房地产开发、工程招投标以及公共财政支出等方面谋取利益的行为也属同类违纪行为。此外，为打击党员领导干部利用职权在金融领域实施较为隐蔽的利益输送行为，廉洁纪律明确规定，利用职权或者职务上的影响，为配偶、子女及其配偶等亲属和其他特定关系人吸收存款、推销金融产品等提供帮助谋取利益的行为也属于违纪行为。如，利用职权为关系人所在的金融机构揽储等。需要特别提醒的是，此次修订将为关系人"经营名贵特产类特殊资源"提供帮助谋取利益明确为违纪行为。

30

严禁离岗离职后违规从业、违规谋利

《纪律处分条例》第一百零五条：离职或者退（离）休后违反有关规定接受原任职务管辖的地区和业务范围内或者与原工作业务直接相关的企业和中介机构等单位的聘用，或者个人从事与原任职务管辖业务或者与原工作业务直接相关的营利活动，情节较轻的，给予警告或者严重警告处分；情节较重的，给予撤销党内职务处分；情节严重的，给予留党察看处分。

党员领导干部离职或者退（离）休后违反有关规定担任上市公司、基金管理公司独立董事、独立监事等职务，情节较轻的，给予警告或者严重警告处分；情节较重的，给予撤销党内职务处分；情节严重的，给予留党察看处分。

第一百零六条：离职或者退（离）休后利用原职权或者职务上的影响，为配偶、子女及其配偶等亲属和其他特定关系人从事经营活动谋取利益，情节较轻的，给予警告或者严重警告处分；情节较重的，给予撤销党内职务或者留党察看处分；情节严重的，给予开除党籍处分。

离职或者退（离）休后利用原职权或者职务上的影响为他人谋

取利益，本人的配偶、子女及其配偶等亲属和其他特定关系人收受对方财物，情节较重的，给予警告或者严重警告处分；情节严重的，给予撤销党内职务、留党察看或者开除党籍处分。

准 确 理 解

腐败治理是一项系统工程，要深刻领会"全周期管理"的内涵要义，坚持系统施治，把握好阶段性与连续性的关系，把从严管理党员干部贯彻落实到干部队伍建设全过程。针对一些党员领导干部"期权式腐败"、临近退休"逃逸式"离职、离职后利用影响力受贿、离职后违规任职取酬等问题，此次修订《条例》围绕进一步强化对党员、干部的全周期管理，从离岗离职的党员、干部本人违规从业，以及利用原职务影响力为他人违规谋利两个方面作出规定。增写上述规定旨在强调，党员、干部在职时不能滥用职权、谋取私利，退休后这些要求一以贯之，不能因退休而降低遵纪守法的标准。

警 示 案 例

张某，曾任某省经济委员会办公室主任，某市副市长，某省工业和信息化厅党组成员、副厅长、一级巡视员等职。经查，张某除在职期间实施了违法违纪行为外，在退休后仍不收敛不收手。×年10月，其向原管理和服务对象某公司总经理胡某打招呼，让其儿媳到该公司上班。张某退休后接受多个单位和个人请托，利用原职权和地位形成的便利条件，通过向其他国家工作人员打招呼的方式，为上述单位和个人在申报项目补助资金、职务晋升等方面谋取不正当利益，先后收受上述单位、个人所送钱款共计93万元。×年3月2日，省纪委监委对张某涉嫌严重违纪违法问题立案审查调查并采取留置措施；同年4月26日，对其延长留置时间三个月。×年9月8日，经某省纪委常委会会议研究并报省党委批准，决定给予张某开除党籍处分；由监委取消其退休待遇。×年12月15日，某市中级人民法院判决张某犯受贿罪，判处有期徒刑十年，并处罚金六十万元；犯利用影响力受贿罪，判处有期徒刑二年，并处罚金十万元；数罪并罚，决定执行有期徒刑十年六个月，并处罚金七十万元。

❬ 底 线 提 醒 ❭

违纪违法没有所谓"安全地带"，退休不是贪腐保险箱，有腐必反、有贪必肃，任何人都不能心存侥幸。党员干部应当时时自警自省，在思想上要严防"病变"，用"辛苦半生该好好享受一下了""退休就自由了"等想法放松对自身要遵纪守法的要求，导致晚节不保。在行为上，谨记：第一，树立退休后也要严管，遵纪守法的观念。此次修订《条例》，扩大了本条中离岗离职违规从业行为适用主体的范围，由原来的"党员领导干部"扩展到全体党员干部。第二，严格遵守离岗后本人从业行为的相关规定。此次修订《条例》，扩大了离岗后禁止违规从业的范围，在"原任职务管辖业务"的基础上，新增了"与原工作业务直接相关"作为禁业范围，与《公务员法》等相关规定协调起来，使法规制度更为严密。实践中，认定"与原工作业务直接相关"的具体范围，要结合各有关单位制定的限制清单来把握。第三，严禁党员离岗后违规为他人谋利。从近年来执纪监督情况看，有的党员、干部退休后不甘寂寞，热衷于为他人站台，退而不休搞"贪腐"，大肆谋利。此次修订对此作出针对性规定，其中，第一款规定了对"离职或者退（离）休后利用原职权或者职务上的影响，为配偶、子女及其配偶等亲属和其他特定关系人从事经营活动谋取利益"行为的处分，第二款规定了对"离职或者退（离）休后利用原职权或者职务上的影响为他人谋取利益，本人的配偶、子女及其配偶等亲属和其他特定关系人收受对方财物"行为的处分，分别与《条例》第九十四条第二款、第一百零四条关于党员、干部在职时的类似行为相对应。

31

坚持克己奉公、公私分明

《纪律处分条例》第一百一十一条：利用职权或者职务上的影响，侵占非本人经管的公私财物，或者以象征性地支付钱款等方式侵占公私财物，或者无偿、象征性地支付报酬接受服务、使用劳务，情节较轻的，给予警告或者严重警告处分；情节较重的，给予撤销党内职务或者留党察看处分；情节严重的，给予开除党籍处分。

利用职权或者职务上的影响，将应当由本人、配偶、子女及其配偶等亲属、身边工作人员和其他特定关系人个人支付的费用，由下属单位、其他单位或者他人支付、报销的，依照前款规定处理。

〈 准 确 理 解 〉

利用职权侵占公私财物是侵害公私财产所有权和使用权，损害党和国家工作人员的职务廉洁性，败坏党和政府声誉的违纪行为。在违反廉洁纪律的案件中，此类违纪行为比较多发，社会影响面广。党员领导干部必须时刻警醒自己，按照习近平总书记的要求，做到大公无私、公私分明，先公后私、公而忘私，只有一心为公，事事出于公心，才能坦荡做人、谨慎用权，才能光明正大、堂堂正正。

〈 **警 示 案 例** 〉

×年10月10日，中央纪委国家监委网站发布消息，某省某市委常委、副市长谢某被"双开"。经查，谢某在担任市委办公厅主任、秘书长、宣传部部长、副市长期间，违反廉洁自律规定，长期占用民营企业车辆；违反社会主义道德，与他人通奸；为谋取不正当利益，行贿人民币7万元；利用职务上的便利为他人谋取利益，收受贿赂人民币500余万元，产生孳息100余万元。上述行为已构成违纪并涉嫌犯罪。依据《纪律处分条例》等有关规定，经省纪委审议并报经省委批准，决定给予谢某开除党籍、行政开除处分；收缴其违纪所得；涉嫌犯罪问题由司法机关依法处理。

〈 **底 线 提 醒** 〉

作为一名共产党员，要克己奉公。公款姓公，一分一厘都不能乱花；公权为民，一丝一毫都不能私用。领导干部必须时刻清楚这一点，做到公私分明、克己奉公、严格自律。必须牢记：第一，党员利用职权或者职务上的影响，侵占公私财物的行为，既可能构成违纪，也可能构成犯罪，二者在侵占对象上不同。侵占非本人经管的公私财物，构成违纪。第二，构成"象征性地支付钱款""象征性地支付报酬接受服务、使用劳务"性质的违纪，是指付款金额明显低于同类同等物品的市场零售价。应付钱款减去已付钱款，即为违规占有的数额。

第四章

严守群众纪律

群众纪律是党组织和党员在贯彻执行党的群众路线和处理党群关系过程中必须遵循的行为规则。我们党的最大政治优势是密切联系群众，党执政后的最大危险是脱离群众。党在任何时候都把群众利益放在第一位，同群众同甘共苦，保持最密切的联系，坚持权为民所用、情为民所系、利为民所谋，不允许任何党员脱离群众，凌驾于群众之上。群众利益无小事，一枝一叶总关情。党员领导干部应当时刻警醒脱离群众的危险，严守群众纪律，保障人民群众合法权益。

32

坚持人民利益高于一切

《纪律处分条例》第一百二十二条：有下列行为之一，对直接责任者和领导责任者，情节较轻的，给予警告或者严重警告处分；情节较重的，给予撤销党内职务或者留党察看处分；情节严重的，给予开除党籍处分：

（一）超标准、超范围向群众筹资筹劳、摊派费用，加重群众负担；

（二）违反有关规定扣留、收缴群众款物或者处罚群众；

（三）克扣群众财物，或者违反有关规定拖欠群众钱款；

（四）在管理、服务活动中违反有关规定收取费用；

（五）在办理涉及群众事务时刁难群众、吃拿卡要；

（六）其他侵害群众利益行为。

在乡村振兴领域有上述行为的，从重或者加重处分。

准确理解

党在基层人民群众中的形象需要每一个党员领导干部通过自己的行动来维护。人民群众对我们党的认识和每一个党员领导干部的行为表现密切关联。《党章》要求党员“坚持党和人民的利益高于一切，个人利益服从党和人民的利益，吃苦在前，享受在后，克己奉公，多做贡献”，不借职权之便侵害群众利益是对党员领导干部践行群众路线、严守群众纪律的底线要求。十八届中央纪委五次全会强调，要加大对群众身边不正之风和腐败问题的查处力度。本条对侵害群众利益的行为作了具体规定，既给广大党员干部画出了红线，也为群众更好地监督党员干部指明了方向。此次修订，将第一百二十二条扶贫领域侵害群众利益行为调整为乡村振兴领域侵害群众利益行为，完善了乡村振兴领域违纪行为的处分规定，体现了对推进乡村振兴的全面要求。

警示案例

某市某社区原党总支书记魏某四人，克扣、套取群众征地补偿款。在市保障房征地项目推进过程中，魏某就一处征地与拆迁户谈补偿事宜，得知其心理价位比评估价少时，贪心开始“活络”起来。于是，通过伪造假单据，侵吞了差价。在之后的几次征地拆迁中，他故伎重施，先后多次通过采用虚列青苗补偿费等方式，单独或伙同他人克扣侵吞各类补偿款。魏某深知一人无法"瞒天过海"，于是想方设法将居委会主任等人一起拖下水。通过虚列各种补偿单据的方式，从社区账户上直接提取现金，给自己和其余三人发放1万元到4万元不等的"年终奖"。

四人打着保证社区有稳定收入来源的旗号，合谋共计，通过虚列青苗补偿费、迁坟费等方式，套取补偿款，将钱截留在了社区的公益公积金账户上，致使国家财产遭受重大损失。魏某等人克扣群众征地拆迁补偿金，严重损害群众切身利益，严重破坏党和政府形象。四人均被开除党籍。

底线提醒

坚持人民利益高于一切，必须严禁一切侵害群众利益的行为。实践中，侵害群众利益行为的实施主体既包括各级党组织也包括党员和领导干部。他们所实施的侵害群众利益的行为违反了党的群众路线，破坏了干群关系，玷污了党和政府的形象。党员领导干部要牢记以下底线：第一，不得借行使管理权力、提供服务之便，违反规定收取费用或谋取小额的私人利益。如借管理之便，要求被管理对象招待免费吃喝等。第二，不得在为人民群众办理相关事务时刁难群众，从中"吃拿卡要"。应当注意的是，此处构成违纪行为的"吃拿卡要"涉及的财物一般数额较小。如果索要财物数额较大，则可能在违反廉洁纪律的同时，涉嫌受贿犯罪。如果党员实施的"扣留、收缴群众款物或者处罚群众""克扣群众财物、拖欠群众钱款""不按照规定收取费用"等行为违反了其他法律法规的，则属于涉嫌违法的行为。第三，不得故意截留、克扣、侵占、挪用、私分或者拖延支付群众依法、依政策应得的各项经济利益。如低保、养老保险、专项补贴、救济款物等。党员领导干部应当谨记不得挤占、挪用、浪费、闲置乡村振兴资金，不得在此间违规采购、规避招投标等；不得故意对乡村振兴项目申报审核把关不严，导致资金被骗取、项目拖延造成严重损失浪费；不得对农户应享有的产业奖补资金不申报，导致农户长期无法享受奖补资金。

33

尊重市场经济主体经营自主权

《纪律处分条例》第一百二十三条：干涉生产经营自主权，致使群众财产遭受较大损失的，对直接责任者和领导责任者，给予警告或者严重警告处分；情节严重的，给予撤销党内职务或者留党察看处分。

准确理解

为贯彻《中共中央关于全面深化改革若干重大问题的决定》精神，发挥市场在资源配置中的决定性作用，进一步完善尊重群众经营自主权的法律法规，2015 年修订《纪律处分条例》时新增了本条规定。本条规定既适用于广大党员，也适用于党组织。生产经营自主权是自然人、公司企业等法人或非法人性质的市场经济主体依法享有的、自由处分包括财产权在内的各项权利，并自主决定生产经营活动的权利。干涉群众生产经营自主权的违纪行为是指党组织和党员领导干部在行使职权过程中，故意实施的干涉、阻挠自然人、法人、非法人营利组织自由行使生产经营自主权的，致使市场主体各项权益遭受较大损失的行为。

◇ 警 示 案 例 ◇

×年1月10日，中央纪委国家监委网站发布消息，某省政协农业和农村工作委员会原副主任火某被开除党籍和公职。

现已查明，火某在担任省政府办公厅副主任、省政府副秘书长、省政府办公厅主任、某市委书记等职务期间，违反群众纪律，干涉群众生产经营自主权，搞形象工程、政绩工程，造成重大经济损失。违反工作纪律，违规干预市场经济活动。

火某作为党员领导干部和地方主要领导，理想信念丧失，宗旨意识泯灭，党性原则缺失，权力观、政绩观、道德观严重扭曲，心无戒惧，蔑视纪律红线，胆大妄为，践踏国家法律，政治问题与经济问题交织，违纪问题与违法问题并存，六大纪律项项违反。对党不忠诚不老实，表里不一，是典型的"两面人"；蛮横霸道，把主政地方视为私人领地和独立王国；急功近利，好大喜功，追求轰动效应，盲目铺摊子、上项目，给任职地方造成严重损失和沉重债务负担。严重破坏民主集中制原则，严重破坏"亲""清"政商关系，严重破坏地方经济社会可持续发展，严重破坏任职地方政治生态，且在党的十八大后不收敛、不收手、不知止，性质特别恶劣、情节特别严重。依据《纪律处分条例》《行政机关公务员处分条例》等有关规定，经省纪委常委会会议暨省监委委务会议审议并报省委批准，决定给予火某开除党籍、开除公职处分；收缴其违纪所得；将其涉嫌犯罪问题移送检察机关依法审查起诉。

〉 底 线 提 醒 〉

党员领导干部在行使职权，作出与各市场主体相关的决策时，应当严格贯彻《中共中央关于全面深化改革若干重大问题的决定》的精神，坚持有所为有所不为，尊重和保障市场经济主体的生产经营自主权。以投资领域为例，按照国家发展和改革委员会《政府核准投资项目管理办法》的规定，保障企业的投资自主权即指在项目市场前景、经济效益、资金来源、产品技术方案等方面，均由企业自主决策，项目核准机关不得干预；以农业生产领域为例，按照《农村基层干部廉洁履行职责若干规定（试行）》的规定，地方政府在开展农业生产规划、示范田建设、特殊农业种植、推广农业技术等工作时，应当遵循经济规律，以市场需求为导向，尊重农民意愿和经营自主权，不得搞强迫命令和行政瞎指挥，不得搞"一刀切"。

34

坚决维护民生保障等事务中的公平正义

《纪律处分条例》第一百二十四条：在社会保障、社会救助、政策扶持、救灾救济款物分配等事项中优亲厚友、明显有失公平的，给予警告或者严重警告处分；情节较重的，给予撤销党内职务或者留党察看处分；情节严重的，给予开除党籍处分。

〈 准 确 理 解 〉

改革开放以来，随着综合国力的不断提高，我国民生领域的财政投入逐年增加。涉及人民群众切身利益的社会保障、低保救助、扶贫脱贫、救灾救济款物分配等制度、政策的实施，实实在在地让人民群众分享了国家发展的红利。在这些民生福利的落地过程中，党员领导干部能不能依法依规依政策，一碗水端平，把好事办好，至关重要。正如孔子在《论语·季氏第十六》中所言："闻有国有家者，不患寡而患不均。"民生保障必须守住公平的底线。这就要求党员领导干部摆正履职与亲情的关系，决不能让讲亲情超越原则法纪，决不能借职权之便损害国家、集体和他人利益。为解决现实中存在的优亲厚友、厚此薄彼、借机谋利的问题，防止经办相关事项的党员领导干部不能正确对待群众利益，不按照规定执行，出现明显的不公平、不公正，避免党群、干群关系遭受破坏，在群众纪律中规定了此项禁止性行为。此次修订贯彻落实党的二十大报告关于坚持在发展中保障和改善民生的要求，着眼促进社会救助兜底保障落到实处，在第一百二十四条增写在社会救助中优亲厚友、明显有失公平行为的处分规定。

◁ 警 示 案 例 ▷

经查，孙某身为某村村委会副主任，违反群众纪律，在明知村委会副主任吴某利用职务之便，违反低保户申报程序，采取制作虚假申报材料的方式，将不符合条件的妻弟作为低保户向上级有关部门申报时不仅不予以坚决制止，还帮助其填写了《社会救助低收入家庭收入情况证明》材料，导致其得以领取低保救助金2790元。孙某在扶贫工作中履责不力、优亲厚友，在群众中造成极为不良的影响。×年9月，根据《纪律处分条例》的规定，经某省某县某镇党委研究，决定给予孙某党内警告处分。

◆ 底 线 提 醒 ◆

　　党员领导干部严守群众纪律，在社会保障、社会救助、政策扶持、救灾救济款物分配等涉及民生的事项办理中，必须一碗水端平，严格按照法律法规政策的规定执行，确保公平。为此，党员领导干部在办理涉及民生保障等事务中要坚持公平正义，守住违纪底线。第一，不得不按民主决策程序办理。社会保障、社会救助、政策扶持、救灾救济款物分配等事项，事关人民群众的切身利益，党员领导干部必须依照法律法规政策明确规定的程序和条件执行。第二，不得不正确处理亲属、朋友与群众的关系，不得借机厚此薄彼，侵害群众利益。第三，不得不按照法律法规政策规定的标准执行，使不该享受的人员享受了相关的待遇，应该享受的人员享受不到或者比规定的标准享受得低。第四，不得有其他违规办理上述事项，致使群众在享受上述民生利益时，明显不公平、不公正的行为。如《农村基层干部廉洁履行职责若干规定（试行）》中对此类违纪行为进一步明确规定，乡镇领导班子成员和基层站所负责人不准在社会保障、社会救助、政策扶持、救灾救济款物分配等事项中违规办事、显失公平；村党组织领导班子成员和村民委员会成员不准在政府拨付和接受社会捐赠的各类救灾救助、补贴补助资金、物资以及退耕还林退牧还草款物、征地补偿费使用分配发放等方面违规操作、挪用、侵占，或者弄虚作假、优亲厚友。

35

严禁利用宗族或者黑恶势力等欺压群众

《纪律处分条例》第一百二十五条：利用宗族或者黑恶势力等欺压群众，或者纵容涉黑涉恶活动、为黑恶势力充当"保护伞"的，给予撤销党内职务或者留党察看处分；情节严重的，给予开除党籍处分。

〈 准 确 理 解 〉

当前，干部队伍主流是好的，但在一些地方、部门、单位，不正之风和腐败问题仍在一定范围内存在。其中，一些党员领导干部借助手中的权力，执法不公，甚至成为家族势力、黑恶势力的代言人，横行乡里、欺压百姓的情况尤为人民群众所深恶痛绝。黑恶势力是社会毒瘤，严重破坏经济社会秩序，侵蚀党的执政根基。为严肃查处基层黑恶势力问题，不断提升增强人民群众的获得感、幸福感、安全感，把扫黑除恶、反腐败斗争和基层"拍蝇"结合起来，必须深挖黑恶势力"保护伞"，对黑社会性质组织犯罪组织者、领导者、骨干成员及其"保护伞"依法从严惩处。

某市公安局原党委委员、市信访局原党组副书记许某严重违反党的纪律，利用职务之便，收受涉黑组织首要分子黄某钱物，为其参选政协委员政审、延缓"重户"身份证注销、处理与他人治安纠纷、打探周某某"涉黑"案件信息等方面提供帮助，支持该涉黑组织坐大成势。许某还存在其他严重违纪违法问题。×年7月，许某受到开除党籍、开除公职处分。×年3月，许某被人民法院依法判处有期徒刑六年。

党员领导干部严守群众纪律，应当时刻将群众利益放在第一位。切忌在宗族事务的处理中站错了立场，切忌与黑恶势力相裹挟，站到群众利益的对立面。具体来说，就是要牢记两条底线，第一，不得利用宗族或者黑恶势力等欺压群众。群众利益无小事，党员领导干部作为党在基层工作的具体实施者，代表着党和政府的形象。必须时刻牢记全心全意为人民服务，决不可借宗族或者黑恶势力来欺压群众。决不能堕落为家族势力、黑恶势力的代言人，横行乡里。第二，不得纵容涉黑涉恶活动、为黑恶势力充当"保护伞"。切忌置依法履行职责于不顾，不打击黑恶势力，反而与黑社会性质组织头目长期交往、收受贿赂，纵容黑社会性质组织在辖区内从事违法犯罪活动。

36

担当作为，依法保护群众利益

《纪律处分条例》第一百二十六条：有下列行为之一，对直接责任者和领导责任者，情节较重的，给予警告或者严重警告处分；情节严重的，给予撤销党内职务或者留党察看处分：

（一）对涉及群众生产、生活等切身利益的问题依照政策或者有关规定能解决而不及时解决，庸懒无为、效率低下，造成不良影响；

（二）对符合政策的群众诉求消极应付、推诿扯皮，损害党群、干群关系；

（三）对待群众态度恶劣、简单粗暴，造成不良影响；

（四）弄虚作假，欺上瞒下，损害群众利益；

（五）其他不作为、乱作为、慢作为、假作为等损害群众利益行为。

〈 准 确 理 解 〉

马克思主义执政党的根基在于人民群众，离开人民群众的支持便不可能长期执政。我们党的最大政治优势是密切联系群众，党执政后的最大危险是脱离群众。党风问题、党同人民群众联系问题是关系党生死存亡的问题。脱离群众，漠视群众利益，漠视群众诉求，涉及人民群众切身利益的问题得不到妥善解决，全心全意为人民服务的宗旨不能有效贯彻和执行，必然会引发人民群众不满、恶化党群关系。以群众利益为出发点，必须坚决整治群众身边腐败问题，凡是群众反映强烈的问题都要严肃认真对待，凡是损害群众利益的行为都要坚决纠正。为充实对漠视、损害群众利益行为的处分规定，此次修订在第一百二十六条充实了对慢作为、假作为等损害群众利益行为的处分规定。

警 示 案 例

×年1月，某街道办事处党工委原书记吴某在任职期间，对贯彻落实中央和省市防疫工作决策部署不到位。在有关部门通报情况后，才排查到辖区内有3名武汉返乡人员，且在排查之后仍不重视，致使该3名人员在家隔离期间随意出入，管控工作形同虚设，给疫情防控工作留下隐患。吴某担心该问题被问责，指使下属做虚假会议记录欺瞒上级检查。经查，吴某自担任该办事处党工委书记以来，工作作风漂浮，遇事推诿，对待下属态度生冷，高高在上，群众反映强烈。×年2月，吴某受到党内严重警告处分，免职处理。

〈 **底 线 提 醒** 〉

　　党员领导干部严守群众纪律，应时刻心系群众利益，为群众着想，为群众谋利益。必须牢记以下五条底线：第一，不得在处理涉及群众生产、生活等切身利益的问题时，依照政策或者有关规定能解决而不及时解决，庸懒无为、效率低下，造成不良影响。这里"涉及群众生产、生活等切身利益的问题"主要是指企业改制、土地征用、城镇拆迁、食品药品质量、安全生产、环境保护等涉及一定范围内群众利益的问题。"庸懒无为、效率低下"是指党员领导干部对客观上能解决的事项故意拖延不解决。第二，不得对符合政策的群众诉求，消极应付、推诿扯皮，损害党群、干群关系。长期以来，办事难长期困扰着老百姓。为解决办事难问题，严守群众纪律要求党员领导干部务必勤政爱民，决不可在为群众服务过程中，对应尽职责推诿扯皮、效率低下、消极应付、不作为、乱作为。第三，不得在履职中对待群众态度恶劣、简单粗暴，造成不良影响。切忌在接待群众中出现门难进、脸难看、话难听等行为。第四，不得弄虚作假、欺上瞒下，损害群众利益。第五，不得有其他不作为、乱作为、慢作为、假作为等损害群众利益的行为。

37

危难面前挺身而出，关键时刻身先士卒

《纪律处分条例》第一百二十七条：遇到国家财产和群众生命财产受到严重威胁时，能救而不救，情节较重的，给予警告、严重警告或者撤销党内职务处分；情节严重的，给予留党察看或者开除党籍处分。

准 确 理 解

共产党员的先锋模范作用是党的先进性的具体体现，只有在社会各个方面都起到先锋模范作用，共产党员才无愧于工人阶级先锋战士的称号。共产党员无论何时何地，在任何条件下，都要发挥先锋模范作用，也是党对每位党员的基本要求。只有在一切困难和危险的时刻，在遇到国家财产和群众生命财产受到严重威胁时，党员挺身而出，英勇斗争，不怕牺牲，才能履行好党员义务，带头实践好社会主义核心价值观和社会主义荣辱观，才能为提倡共产主义道德、弘扬中华民族传统美德、发扬社会主义新风尚共同创造良好的社会氛围。严

禁能救而不救的规定是对上述义务和要求得到切实履行的纪律保障。

《 警 示 案 例 》

经查，余某（某省某州某县民政局原局长）违反群众纪律，在路遇某村村民周某被撞成重伤求救时，面对群众呼救，冷漠无情，见危不救，在群众中造成了极坏影响。鉴于余某所犯错误后果严重，影响恶劣，县委、县政府分别给予余某开除党籍和撤销县民政局局长职务的处分。

《 底 线 提 醒 》

党员领导干部严守群众纪律，应当时刻将群众利益放在首位。牢记在发生危险时，具备施救能力或条件的，不得能救而不救。举例来说，当不会游泳的党员遇到落水群众，如果该党员在现场采取了报警、组织他人施救或者其他措施帮助救人的，即便没有入水搭救，也不存在违纪问题；如果该党员有条件提供必要帮助而没有提供，既不呼救，也不报警，甚至在他人请求帮助的情况下仍置之不理、扬长而去的，党组织应当对其进行批评教育或者组织处理，情节较重的应依照本条规定给予处分。本项违纪行为的客观表现主要是消极的不作为。要注意的是，在党员因具有特定身份、特定职权而对处于危险之中的人或物具有特定义务时，能救而不救则可能涉嫌失职、渎职。

38

切实保障群众知情权

《纪律处分条例》第一百二十八条：不按照规定公开党务、政务、厂务、村（居）务等，侵犯群众知情权，对直接责任者和领导责任者，情节较重的，给予警告或者严重警告处分；情节严重的，给予撤销党内职务或者留党察看处分。

准 确 理 解

阳光是最好的防腐剂。党员领导干部要牢固树立权力在阳光下运行，自觉接受人民群众监督的正确观念。每一位党员都要自觉在工作和生活中接受党内外群众的监督。党的十九大报告强调，要"巩固基层政权，保障人民知情权、参与权、表达权、监督权"。切实保障人民群众的知情权，使权力置于人民群众的监督之中，是党推进基层民主建设，密切党群、干群关系，巩固党的执政基础和执政地位的重要制度安排。

　　《中国共产党党务公开条例（试行）》《关于全面推进政务公开工作的意见》《中共中央办公厅、国务院办公厅关于健全和完善村务公开和民主管理制度的意见》等党内法规和规范性文件等，对党务、政务、厂务、村（居）务等事务公开的内容、公开范围、程序等事项进行了规范，各级党组织和广大党员干部应当严格按照规定实行公开，保障群众知情权，接受群众监督。保障群众知情权，是加强民主监督，治理群众身边的腐败和"四风"问题的重要举措。但在现实中，一些干部因为存在严重的特权思想，或是为了维护个人和单位的不正当利益，漠视群众知情权，看不起群众，不按规定公开党务、政务、厂务、村（居）务，不仅侵害了群众的民主权利，而且侵犯了群众的知情权，破坏了党群、干群关系。必须予以严惩。

警 示 案 例

　　经查，陈某违反群众纪律，不按规定公开党务、政务、村务，侵犯群众知情权，在落实该村危房改造政策过程中，既不组织召开村组干部会讨论、村民代表会评议，也不向群众公开公示，导致不符合条件的农户享受国家危房改造政策，造成不良影响。损害了党的事业和形象，应予以严肃处理。陈某还因违反其他纪律，合并处理受到开除党籍的处分。

底线提醒

　　严守群众纪律，严防侵犯群众知情权，党员领导干部应当牢记以下要点：第一，侵犯知情权的主体既有党组织，也有党员。无论是党组织还是党员个人，都应将尊重和保障知情权与岗位职责相结合，贯彻到具体的工作之中。第二，为保障群众知情权，党务、政务、厂务、村（居）务、学校校务、医院医务等事务均属于公开范围。不按规定公开的，即构成侵犯群众知情权。违反本条规定的行为，情节较重的，给予党纪处分。按照注重抓早抓小的要求，对于情节轻微的行为，各级党组织应当正确把握和运用监督执纪"四种形态"，坚持惩前毖后、治病救人的原则，可以运用批评教育、诫勉谈话、组织处理等方式进行处理。

第五章

严守工作纪律

　　工作纪律是党的各级组织和全体党员在党的各项具体工作中必须遵守的行为规则，是党的各项工作正常开展的重要保证。党员领导干部在工作中严守工作纪律是确保党的集中统一、政令畅通的基础，党员干部违反工作纪律的行为，不仅扰乱了党的正常工作秩序，而且会对党和国家事业造成严重影响。严明党的工作纪律，压实管党治党政治责任，要紧紧抓住全面从严治党主体责任这个"牛鼻子"，严肃追究对主体责任认识不清、落实不力，或者不敢担当、不愿负责的行为，严肃追究党组织负责人不负责任或者疏于管理，对存在的问题装聋作哑、避重就轻等行为，确保全面从严治党政治责任落到实处。

39

担当作为，忠诚履职

《纪律处分条例》第一百三十条：工作中不负责任或者疏于管理，贯彻执行、检查督促落实上级决策部署不力，给党、国家和人民利益以及公共财产造成较大损失的，对直接责任者和领导责任者，给予警告或者严重警告处分；造成重大损失的，给予撤销党内职务、留党察看或者开除党籍处分。

党员领导干部对于到任前已经存在且属于其职责范围内的问题，消极回避、推卸责任，造成严重损害或者严重不良影响的，依照前款规定处理。

第一百三十一条：工作中不敢斗争、不愿担当，面对重大矛盾冲突、危机困难临阵退缩，造成不良影响或者严重后果的，给予警告或者严重警告处分；情节严重的，给予撤销党内职务、留党察看或者开除党籍处分。

　　党员领导干部要旗帜鲜明讲政治，坚决维护以习近平同志为核心的党中央权威和集中统一领导，严守政治纪律和政治规矩。不仅要认真学习领会中央要求，而且要在行动中逐一落实。要通过实干体现政治站位、政治担当，切实做到有令必行、令行禁止，真正使党中央、国务院和上级决策部署在本地、本部门落地生根、开花结果。要在忠诚履职过程中狠抓落实。通过抓具体的工作，一锤一锤地钉钉子，确保每项任务扎实推进。如果在工作中失职，遇到困难不敢斗争、不愿担当，在面对重大矛盾冲突、危机困难时，临阵退缩，导致贯彻落实上级决策部署不力，不仅严重影响中央和上级决策部署的落实和推进，侵害党和国家机关、国有企业、事业单位的正常工作推进，而且还会严重损害党中央权威、党的权威，政治影响极坏。

　　为落实党的二十大报告关于加强干部斗争精神和斗争本领养成的要求，新增第一百三十一条，明确对不敢斗争、不愿担当，面对危机困难临阵退缩行为的处分规定。针对一些地方发生的"新官不理旧账"问题，此次修订明确，党员领导干部对于到任前已经存在且属于其职责范围内的问题，消极回避、推卸责任，造成严重损害或者严重不良影响的，要给予相应的党纪处分。应当充分认识到，党员领导干部的职位背后是党和国家赋予的管理职责，虽然担任此职位的"人"发生了变动，但此职位所代表的管理职责、"事"属于公事的性质并未变化。"新官"作为该职位的继任者必须在接过权力的同时，担当起"一任接着一任干"的责任，严格依法依规理清、解决好"旧账"。那种视而不见、回避应对、久拖不决的处理方式，本质上是对党和国家的事业不负责任，是尸位素餐、缺乏担当意识的表现，必须坚决摒弃。

〈 警 示 案 例 〉

经查，朱某（某扶贫办原党组书记、主任）在脱贫攻坚工作中搞形式主义、官僚主义，在贫困户建档立卡工作中，没有考虑贫困人口分布客观实际情况，"一刀切"地将国务院扶贫办确认的贫困人口规模仅局限在国家级贫困旗县、自治区级贫困旗县，导致精准扶贫基础性工作不扎实，贫困户漏评率高。×年9月，组织开展工作检查考核时，未充分考虑不同区域存在差距和路途较远等因素，致使检查考核方案脱离实际，同时在检查考核中未督促落实配备少数民族语言翻译、抽调熟悉业务的检查人员等要求，致使检查考核流于形式，检查考核结果不客观不实际。同时，该扶贫办还存在违规向扶贫基金会借款74万余元为职工发放福利、违规挪用公用经费为班子成员支付房租和公车补助、挪用234万余元扶贫专项资金等问题，朱某对此负有领导责任，被处以撤销党内职务、政务撤职处分，撤销自治区党委委员职务，由正厅级领导职务降为副厅级非领导职务。

◁ 底 线 提 醒 ▷

严守工作纪律，防止在贯彻落实上级决策部署中出现失职，党员领导干部应当牢记：第一，要以实际行动体现党性原则，保障政令畅通。通过经常对标对表，在思想上树立起坚决贯彻落实党中央、国务院和上级决策部署的牢固观念。第二，要坚持发扬斗争精神，习近平总书记在学习贯彻党的二十大精神研讨班开班式上强调，要"敢于斗争、善于斗争，通过顽强斗争打开事业发展新天地。"党员领导干部要结合具体工作，深入反省工作中不担当、不作为、不认真的问题，防止不敢斗争、不愿担当流于形式、不负责任的工作方式，发扬斗争精神，坚决将中央和上级决策部署不折不扣地落实到位。用实实在在的工作成效做到对党和国家事业负责，对自己的岗位工作负责，决不能消极回避，推卸责任，"新官不理旧账"。第三，构成工作失职、贯彻落实上级决策部署不力，一般以造成较大损失的结果作为要件。即，不负责任或者疏于管理，贯彻执行、检查督促落实上级决策部署不力，尚未给党、国家和人民利益以及公共财产造成较大损失的，不构成违反《纪律处分条例》的违纪行为。但并不意味着可以听之任之。相反，党组织应当对有上述错误，但尚未造成较大损失后果的党员领导干部及时提醒，督促改正。

40

力戒形式主义、官僚主义

　　《纪律处分条例》第一百三十二条：有下列行为之一，造成严重损害或者严重不良影响的，对直接责任者和领导责任者，给予警告或者严重警告处分；情节较重的，给予撤销党内职务或者留党察看处分；情节严重的，给予开除党籍处分：

　　（一）热衷于搞舆论造势、浮在表面；

　　（二）单纯以会议贯彻会议、以文件落实文件，在实际工作中不见诸行动；

　　（三）脱离实际，不作深入调查研究，搞随意决策、机械执行；

　　（四）违反精文减会有关规定搞文山会海；

　　（五）在督查检查考核等工作中搞层层加码、过度留痕，增加基层工作负担；

　　（六）工作中其他形式主义、官僚主义行为。

　　形式主义、官僚主义是党的大敌、人民的大敌。加强党的政治
建设，必须把力戒形式主义、官僚主义作为重要任务。形式主义、
官僚主义问题的存在不仅造成党和国家的各项工作贻误，而且会损
害党群干群关系，影响党的形象和公信力，进而使党的群众根基受
到严重损害。当前，加强作风建设，坚决整治形式主义和官僚主义
是事关党的执政基础、党的生死存亡的重要工作。党员领导干部必
须以习近平新时代中国特色社会主义思想为指导，从政治高度认识
严禁形式主义、官僚主义的极端重要性，在思想上、政治上、行动
上同党中央保持高度一致，做到令行禁止。必须以真抓实干的作风
大力整治形式主义、官僚主义，力求出实效见真章。领导干部作为
关键少数，要坚持以上率下，教育引导、督促推动，以刀刃向内的
自我革命精神，直面具体问题，从贯彻落实党的路线方针政策、党
中央重大决策部署，到个人学习、调研检查、起草文件、开会讲话
等各个方面，主动查摆、带头整改存在的形式主义、官僚主义问
题，发挥示范表率作用，以行动释放信号、引领新风，坚决禁绝形
式主义、官僚主义行为，从而正风肃纪，取信于民。此次修订新增
了三项党员群众反映强烈的形式主义、官僚主义行为，即"脱离实
际，不作深入调查研究，搞随意决策、机械执行""违反精文减会
有关规定搞文山会海""在督查检查考核等工作中搞层层加码、过
度留痕，增加基层工作负担"。此次修订，在本条新增对随意决策、
机械执行、层层加码、过度留痕增加基层工作负担等行为的处分规

定，在制度层面进一步落实了党中央坚决纠治形式主义、官僚主义的要求。

〈 警 示 案 例 〉

经查，× 年 10 月，某县政务服务管理局为片面追求考核加分，背离上级推广初衷，按照本县户籍人口人均通过"一部手机办事通"小程序办理 3 件事项的数量，确定了 138 万件的任务指标，印发文件将指标分解到各乡镇、县直相关部门，要求全县干部职工年度人均办理 150 件，文件印发 2 个月内，某县干部职工通过"一部手机办事通"完成查询、办理、预约类办事 138 万余件，严重增加基层干部负担。某县政务服务管理局负责人和其他相关责任人因下达不切实际的任务指标问题，受到党纪政务处分和组织处理。

〈 底 线 提 醒 〉

形式主义、官僚主义阻碍党中央决策部署落实，浪费国家资源，割裂党同人民群众的血肉联系，是党和国家事业发展的大敌。党员领导干部严守工作纪律，必须以坚毅勇气、坚决态度，力戒形式主义、官僚主义，牢记以下底线：第一，不得热衷于浮在表面的工作方式。如以所谓的"精准留痕"把工作做到笔头上，把精力用在一次次誊写报表上，而对人民群众真正关心的问题、对中央力求解决的问题"假作为"即属于此类。第二，不得以会议贯彻会议、以文件落实文件的方式开展工作。一些单位以传达上级文件的方式开展工作，以"上下一般粗的"方式照搬照抄上级文件来空对空的落实工作，在检查考核中搞形式、走过场、不求实效等都属于此类违反工作纪律的情形。第三，不得脱离实际，不作深入调查研究，搞随意决策、机械执行。实践中的"拍脑袋"决策，"一刀切式"落实即属于此类违反工作纪律的情形。第四，不得违反精文减会有关规定搞文山会海。第五，不得在督查检查考核等工作中搞层层加码、过度留痕，增加基层工作负担等。第六，不得有其他形式主义、官僚主义行为。此款是兜底条款，意在针对实际情况中出现的各种形式主义和官僚主义问题，及时发现，并依此款作出处理。如："门好进了""脸好看了"，但"不办事""事难办"，"管卡压"变成了"推绕拖"，就是必须戒除的官僚主义作风。

41

正确履行信访工作职责

《纪律处分条例》第一百三十五条：在信访工作中，有下列行为之一，造成不良影响或者严重后果的，对直接责任者和领导责任者，给予警告或者严重警告处分；情节较重的，给予撤销党内职务或者留党察看处分；情节严重的，给予开除党籍处分：

（一）不按照规定受理、办理信访事项；

（二）对规模性集体访等处置不力，导致事态扩大；

（三）对党委和政府信访部门提出的改进工作、完善政策等建议重视不够、落实不力，导致问题长期得不到解决；

（四）其他不履行或者不正确履行信访工作职责行为。

不履行或者不正确履行职责，导致信访事项发生，造成不良影响或者严重后果的，对直接责任者和领导责任者，依照前款规定处理。

　　为促进党员尽职履责、规范用权，此次修订新增对不履行信访工作职责、违反机构编制管理规定、统计造假等行为的处分规定。信访工作是党的群众工作的重要组成部分，是各级机关、单位及其领导干部、工作人员接受群众监督、改进工作作风的重要途径。习近平总书记强调，各级党委、政府和领导干部要坚持把信访工作作为了解民情、集中民智、维护民利、凝聚民心的一项重要工作，千方百计为群众排忧解难。党的十八大以来，党中央坚持把信访纳入法治化轨道，先后制定印发一系列重要文件，对信访制度改革和信访法治化作出安排部署。2022年《信访工作条例》的颁布实施，为做好新时代信访工作提供了基本遵循。党员领导干部要正确履行信访工作职责，必须认真学习《信访工作条例》。该条例共6章50条，确立了党领导下的信访工作体制和格局，明确了党的机关、人大机关、行政机关、政协机关、监察机关、审判机关、检察机关等处理信访事项不同的程序要求，并对责任追究的情形和方式等作出了具体规定。

警 示 案 例

　　×年9月，W省信访人黄某通过W省网上信访举报F市T镇某中学校长孟某存在挪用公款、收受贿赂等问题，F市信访局将该信访件转送至该市教育局，教育局信访干部夏某未按程序办理，当天私自用 QQ 软件将该信访件转到 T 镇中心学校调查处理。该校主管信访工作的副校长梅某在处理过程中发生泄密。信访人随即收到了自己举报信的照片，并不断接到要求撤销举报的短信和电话。信访人对此非常不满，向 F 市多家部门进行反映。对此，F 市纪委经过调查核实，对夏某、梅某和 F 市教育局不按照规定办理信访事项的行为启动追责问责程序。

〈 底 线 提 醒 〉

正确履行信访工作职责要求党员领导干部遵守以下要求，第一，遵循坚持党的全面领导原则，把党的领导贯彻到信访工作各方面和全过程，确保正确政治方向。第二，坚持以人民为中心。在信访工作中始终践行党的群众路线，倾听群众呼声，关心群众疾苦，千方百计为群众排忧解难。第三，坚持落实信访工作责任。党政同责、一岗双责，属地管理、分级负责，谁主管、谁负责。第四，坚持依法按政策解决问题。将信访纳入法治化轨道，依法维护群众权益、规范信访秩序。第五，坚持源头治理化解矛盾。要贯彻落实党的二十大报告对信访工作提出的新要求，坚持和发展新时代"枫桥经验"，完善正确处理新形势下人民内部矛盾机制，加强和改进人民信访工作，畅通和规范群众诉求表达、利益协调、权益保障通道，及时把矛盾纠纷化解在基层、化解在萌芽状态。第六，领导干部应当阅办群众来信和网上信访、定期接待群众来访、定期下访，包案化解群众反映强烈的突出问题。第七，应当根据各自职责和有关规定，按照诉求合理的解决问题到位、诉求无理的思想教育到位、生活困难的帮扶救助到位、行为违法的依法处理的要求，依法按政策及时就地解决群众合法合理诉求，维护正常信访秩序。第八，应当恪尽职守、秉公办事，查明事实、分清责任，加强教育疏导，及时妥善处理。第九，不得有以下行为：（一）对收到的信访事项不按照规定登记；（二）对属于其职权范围的信访事项不予受理；（三）未在规定期限内书面告知信访人是否受理信访事项；（四）推诿、敷衍、拖延信访事项办理或者未在规定期限内办结信访事项；（五）对事实清楚，符合法律、法规、规章或者其他有关规定的投诉请求未予支持；（六）对党委和政府信访部门提出的改进工作、完善政策等建议重视不够、落实不力，导致问题长期得不到解决；（七）对待信访人态度恶劣、作风粗暴，损害党群干群关系；（八）在处理信访事项过程中吃拿卡要、谋取私利；（九）对规模性集体访、负面舆情等处置不力，导致事态扩大；（十）对可能造成社会影响的重大、紧急信访事项和信访信息隐瞒、谎报、缓报，或者未依法及时采取必要措施；（十一）将信访人的检举、揭发材料或者有关情况透露、转给被检举、揭发的人员或者单位；（十二）打击报复信访人；（十三）其他违规违纪违法的情形。

42

严格依法执纪

《纪律处分条例》第一百三十六条：党组织有下列行为之一，对直接责任者和领导责任者，情节较重的，给予警告或者严重警告处分；情节严重的，给予撤销党内职务或者留党察看处分：

（一）党员被立案审查期间，擅自批准其出差、出国（境）、辞职，或者对其交流、提拔职务、晋升职级、进一步使用、奖励，或者办理退休手续；

（二）党员被依法追究刑事责任后，不按照规定给予党纪处分，或者对党员违反国家法律法规的行为，应当给予党纪处分而不处分；

（三）党纪处分决定或者申诉复查决定作出后，不按照规定落实决定中关于被处分人党籍、职务、职级、待遇等事项；

（四）党员受到党纪处分后，不按照干部管理权限和组织关系对受处分党员开展日常教育、管理和监督工作。

第一百三十七条：滥用问责，或者在问责工作中严重不负责任，造成不良影响的，对直接责任者和领导责任者，给予警告或者严重警告处分；情节严重的，给予撤销党内职务处分。

⟪ 准 确 理 解 ⟫

⟪ 准 确 理 解 ⟫

党的二十大对坚定不移全面从严治党作出战略部署，对全党依规依纪依法履职尽责提出了新的更高的要求。为此，党员领导干部要带头增强"四个意识"，把准政治方向，站稳政治立场，提高政治能力，自觉同以习近平同志为核心的党中央保持高度一致，在大是大非面前敢于亮剑、敢于斗争。既要严格遵守纪法规定，在行使权力上慎之又慎，又要严格自律，在自我约束上严之又严。尤其对于纪检监察干部而言，要把执纪和执法贯通起来，监督执纪和监察执法一体推进，统筹运用纪法"两把尺子"，贯通运用监督执纪"四种形态"，既坚持执纪必严，又坚持纪法协同，严格执行《中国共产党问责条例》《中国共产党纪律检查机关监督执纪工作规则》。为进一步提高党的问责工作的政治性、精准性、实效性，此次修订，新增了对于滥用问责或者在问责工作中严重不负责任，造成不良影响行为的纪律处分规定。

⟪ 警 示 案 例 ⟫

×年1月，某省生态环境保护督察组（以下简称"督察组"）在A市开展环保督察期间，该市B区纪委监委根据督察组移交的问题线索，在未按程序报请区委主要负责人批准的情况下，对A市生态环境局B分局（系B区政府组成部门）党组书记、局长张某等人启动问责调查，共处置问题线索 20 批 90 件，问责 88 人次。其中，B 区纪委监委认定，张某对督察组移交、群众反映的 × 年 5 月以来某企业污水扰民、某餐馆油烟污染、某店铺严重噪声污染等问题整治不力，应负领导责任，决定以谈话方式给予其诫勉问责；A 市生态环境局 B 分局时任党组成员、副局长王某分管上述工作，应负领导责任，在 1 个月内因上述同类事由先后给予其 6 次问责（通报问责 3 次、书面诫勉问责 1 次、党内警告处分 1 次、免职问责 1 次）；对于 × 年 3 月以来一直在外脱产学习、未实际协管上述工作的三级主任科员郑某、李某和四级主任科员邓某，仅依据各自岗位职责，决定给予该 3 人党内严重警告、政务记大过处分。B 区纪委监委在给予上述人员处理、处分前，未形成事实材料与其见面核对并听取其陈述和申辩。此后，省委巡视组在有关专项巡视中发现上述问责存在简单泛化，未履行处理、处分所依据的事实材料应当同本人见面的程序等问题，并移交 A 市纪委监委处理。A 市纪委监委按程序核查后，责令 B 区纪委监委及时依规依纪依法予以纠正。

〈 底 线 提 醒 〉

　　党员领导干部严守工作纪律，不仅要严格要求自己，还必须严格依照相关纪律规定执行党纪。为此，应当牢记以下几点：第一，本条违纪行为的实施主体是各级党组织，党员个人不能成为该违纪行为的主体，但这并不意味着党员个人不能成为被问责的主体。党组织实施了上述所列行为，应对直接责任者和领导责任者予以纪律处分。第二，党员被立案审查期间，不得擅自批准其出差、出国（境）、辞职，或者对其交流、提拔职务、晋升职级、进一步使用、奖励，或者办理退休手续。第三，不得对党组织内依纪应予处分的党员不予处分。这主要是指被依法判处刑罚或有违反国家法律法规行为的党员。第四，不得在党纪处分决定或者申诉复查决定作出后，不按照规定落实决定中关于被处分人党籍、职务、职级、待遇等事项。第五，不得在党员受到党纪处分后，不按照干部管理权限和组织关系对受处分党员进行日常教育、管理和监督工作。第六，应当规范精准问责，严禁滥用问责。是否能做到规范精准问责，考验的是执纪执法人员的政治站位、工作作风、工作能力，体现的是党组织的权威和公信。在开展问责工作时，一定要做到调查取证细之又细、定性处理慎之又慎、自我约束严之又严，力求取得问责一个、警醒一片、促进一方工作的良好效果。

43

严格管理工作人员

《纪律处分条例》第一百三十八条：因工作不负责任致使所管理的人员叛逃的，对直接责任者和领导责任者，给予警告或者严重警告处分；情节严重的，给予撤销党内职务处分。

因工作不负责任致使所管理的人员出逃、出走，对直接责任者和领导责任者，情节较重的，给予警告或者严重警告处分；情节严重的，给予撤销党内职务处分。

领导干部因失职导致所管理人员叛逃、出走是一种严重损害党的形象，造成恶劣国际影响的违纪行为。构成违纪的"叛逃"是指党员领导干部丧失党性原则，背叛党的事业，逃往国（境）外或者外国驻华使（领）馆的行为。不仅包括《纪律处分条例》第七十二条第一款和第二款规定的"在国（境）外、外国驻华使（领）馆申请政治避难，或者违纪后逃往国（境）外、外国驻华使（领）馆"和"在国（境）外公开发表反对党和政府的文章、演说、宣言、声明等"行为，还包括因触犯我国刑律，为逃避制裁，逃往国（境）外的行为。构成违纪的"出走"与"叛逃"的主体不同。叛逃行为的主体是一般主体，包括所有党员。而出走行为的主体是特殊主体，特指"驻外机构或者临时出国（境）团（组）中的党员"。其中，"驻外机构"包括我国各政府、军队、团体、新闻媒体、企业、事业单位派驻外国或香港、澳门、台湾地区的使领馆、商务机构、企业、事业单位等。"临时出国（境）团（组）"包括因公临时派往国外、境外工作、学习、考察、访问不满一年的各类团（组）。

警 示 案 例

某市政府某处组织出国考察，由处长方某带队。经查，在为期六天的考察期间，方某多次脱离考察队伍办理私事。整个行程仅用两天时间考察，其余时间往返于邻近数国观光旅游。同时，对考察团人员管理不严还导致该处财务科副科长李某借机叛逃，造成恶劣影响。方某被处以撤销党内职务处分。

底 线 提 醒

党员领导干部严守工作纪律，避免因自己失职导致所管理人员叛逃、出走，应当牢记：第一，领导干部要高度负责。本条违纪行为的实施主体是担负一定领导职务、对一定范围内的下属人员负有管理责任的党员领导干部。第二，该违纪行为以行为论，即党员只要有该方面行为就构成违纪，不以造成结果为必要构成要件。因此，党员领导干部切记在相关活动中严格管理团队人员，避免失职失察。第三，党员领导干部在主观上不得有帮助被管理人叛逃或者出走的故意。构成本违纪行为是指党员领导干部主观上不知道自己所管理的人员打算叛逃，只是因为工作不负责任，而在客观上为其叛逃提供了条件。党员领导干部的失职行为与所属人员的叛逃有直接的因果关系。如，对要求出国的人员未按有关规定进行审查，对应当及时收回所管理的人员所持护照而未予及时收回的。

44

严禁统计造假

《纪律处分条例》第一百三十九条：进行统计造假，对直接责任者和领导责任者，情节较轻的，给予警告或者严重警告处分；情节较重的，给予撤销党内职务或者留党察看处分；情节严重的，给予开除党籍处分。

对统计造假失察，造成严重后果的，对直接责任者和领导责任者，给予警告或者严重警告处分；情节严重的，给予撤销党内职务、留党察看或者开除党籍处分。

<准确理解>

统计是经济社会发展的重要综合性基础性工作，统计数据是国家宏观调控的重要依据。党的十八大以来，以习近平同志为核心的党中央高度重视统计工作，习近平总书记多次就统计工作作出重要讲话指示批示，中央先后印发《关于深化统计管理体制改革提高统

计数据真实性的意见》《统计违纪违法责任人处分处理建议办法》《防范和惩治统计造假、弄虚作假督察工作规定》《关于更加有效发挥统计监督职能作用的意见》等党内法规和规范性文件，为防治统计造假、提高统计数据质量指明了方向、提供了根本遵循。此次修订《纪律处分条例》，将"统计造假"纳入违反党的工作纪律的行为之一，是党的十八大以来全面从严治党越来越严、越往后执纪越严的强烈信号，极大强化了防治统计造假的制度刚性和纪律约束，为防惩统计造假问题提供了坚强纪律保障。统计造假是统计领域最大的腐败，严重违反统计法，严重影响统计数据质量，干扰甚至误导宏观决策，违背党的实事求是思想路线和求真务实工作作风，损害党和政府公信力。"统计造假"被纳入《条例》处分范畴，对直接责任者和领导责任者将依据情节严重程度给予警告直至开除党籍的处分，这对于防治统计造假、提高统计数据质量、端正党风政风、促进统计事业高质量发展都具有重大而深远的意义。

警 示 案 例

经查，×年，某省某州在第四次全国经济普查登记工作中，州、县相关职能部门和乡镇政府采取出具虚假批文，代填代报，授意、指使、强令普查对象提供虚假资料等方式干预统计工作，A县、B县统计数据严重失实。在上级检查期间，部分单位和领导干部还采取解散QQ工作群、毁弃证明资料、提供虚假情况等方式阻碍监督检查，有的县领导还要求"被查单位自行承担责任，不得指认县委县政府"。某州在全国经济普查中统计造假，分管统计工作的州政府党组成员、副州长周某负主要领导责任，受到党内警告处分；A县原县委书记毛某受到党内严重警告处分，并被免去县委书记职务；A县原县委副书记、县长冯某受到党内严重警告、政务降级处分；B县委书记王某受到党内警告处分；B县原县委副书记、县长莫伟受到党内严重警告处分。其他相关责任人分别因出具虚假批文、授意企业报送虚假数据、阻碍监督检查等问题受到相应的处理。

〈 底 线 提 醒 〉

　　党员领导干部必须深刻认识统计造假极端危害性和防治统计造假极端重要性紧迫性，自觉增强防治统计造假的思想自觉、政治自觉、行动自觉。统计造假违纪主体包括直接责任者和领导责任者。直接责任者是指在其职责范围内，不履行或者不正确履行自己的职责，对统计造假起决定性作用的党员或者党员领导干部。领导责任者分为主要领导责任者和次要领导责任者，主要领导责任者是指在其职责范围内，对主管的工作不履行或者不正确履行职责，对统计造假负直接领导责任的党员领导干部；次要领导责任者是指在其职责范围内，对应管的工作或者参与决定的工作不履行或者不正确履行职责，对统计造假负次要领导责任的党员领导干部。严守统计工作纪律，应当牢记：第一，不得进行统计造假，即不得自行修改统计机构和统计人员依法搜集、整理的统计资料；不得要求统计机构、统计人员及其他机构、人员伪造、篡改统计资料；不得对依法履行职责或者拒绝、抵制统计违法行为的统计人员打击报复；不得非法干预统计调查对象提供统计资料等。第二，不得对统计造假失察。根据《统计法》和《统计法实施条例》的相关规定，对统计造假失察的行为表现主要有：本地方、本部门、本单位大面积发生或者连续发生统计造假、弄虚作假；本地方、本部门、本单位统计数据严重失实，应当发现而未发现；发现本地方、本部门、本单位统计数据严重失实不予纠正等。

45

严格落实请示报告制度

《纪律处分条例》第一百四十条：在上级检查、视察工作或者向上级汇报、报告工作时对应当报告的事项不报告或者不如实报告，造成严重损害或者严重不良影响的，对直接责任者和领导责任者，给予警告或者严重警告处分；情节严重的，给予撤销党内职务或者留党察看处分。

在上级检查、视察工作或者向上级汇报、报告工作时纵容、唆使、暗示、强迫下级说假话、报假情的，从重或者加重处分。

〈 准 确 理 解 〉

在各级党组织和党的各级机关的日常工作中，下级向上级报告工作或者下级在上级检查、视察时进行汇报是上级了解情况的重要途径和基本工作方法。党员领导干部报告工作必须遵守工作纪律，如实、及时、全面地履行报告义务。获取真实情况是党组织正常开展工作的重要保证，事关党的事业兴衰成败，事关人民群众的根本利益。为此，领导机关和领导干部不得以任何理由和名义纵容、唆使、暗示或强迫下级说假话。凡因纵容、唆使、暗示或强迫下级弄虚作假、隐瞒实情的，都必须依纪依规严肃问责追责。该违纪行为的实施主体是特殊主体，即在汇报、报告工作中起决定作用的党员领导干部或者具体汇报、报告工作的党员。

◆ 警 示 案 例 ◆

经 × 年 1 月国家统计局统计执法检查，某市某区有关统计数据严重失实。存在 6 家规模以上工业企业虚报统计数据的情况，相关数据不实数额占应报数额比例特别高。彭某（某区统计局副局长）编造并代填代报企业统计数据，指令报送、要求打捆重复报送、要求停产不达标企业继续虚报统计数据，严重干扰了企业独立报送统计数据。国家统计局已提出有关责任单位和责任人的处分处理建议，并移送有关地方党委、政府依法依规进行严肃处理。

◆ 底 线 提 醒 ◆

党员领导干部严守工作纪律，履行报告义务，应当牢记以下要点：第一，不得故意对应当报告的事项不报告或不如实报告。即明知有关情况应报告而不报告，或者明知提供的情况、材料、数据不真实而仍予以提供。其故意实施此行为的目的是粉饰太平或者谋求上级的肯定。如搞假数据、假典型；为了应付检查，采取无中生有、移花接木、指鹿为马等手法，看似在表格上完成了考核指标，实际上并没有完成任务等。第二，报告义务所针对的对象是"上级"。既包括上级党委、政府等，也包括党委工作部门和政府部门等。第三，认定"应当报告的事项"需要根据实际情况进行判定。有的是上级单位明确要求报告的事项，有的是上级单位没有明确要求但根据工作职责一般认为应当报告的事项。第四，实施上述行为构成违纪应有结果要件，即造成严重损害或者严重不良影响。应当注意的是，如果党员领导干部实施了不报告、不如实报告的行为，但尚未造成严重损害或者产生严重不良影响的，不构成"不报告、不如实报告工作情况违纪行为"，但属于违规行为，应当给予批评教育。

46

严禁违规干预、插手市场经济活动

《纪律处分条例》第一百四十一条：违反有关规定干预和插手市场经济活动，有下列行为之一，情节较轻的，给予警告或者严重警告处分；情节较重的，给予撤销党内职务或者留党察看处分；情节严重的，给予开除党籍处分：

（一）干预和插手建设工程项目承发包、土地使用权出让、政府采购、房地产开发与经营、矿产资源开发利用、中介机构服务等活动；

（二）干预和插手国有企业重组改制、兼并、破产、产权交易、清产核资、资产评估、资产转让、重大项目投资以及其他重大经营活动等事项；

（三）干预和插手批办各类行政许可和资金借贷等事项；

（四）干预和插手经济纠纷；

（五）干预和插手集体资金、资产和资源的使用、分配、承包、租赁等事项。

〈 准 确 理 解 〉

　　市场经济是法治经济，为实现市场对资源配置起决定性作用的全面深化改革目标，必须依法明确界定政府、市场的界限。党员领导干部干预和插手市场经济活动，既是权力滥用的表现，也是破坏市场公平竞争秩序、扰乱市场经济有序运行的痼疾。习近平总书记多次告诫领导干部："当官发财两条道，当官就不要发财，发财就不要当官。"从纪委监委近年查办的案件看，相当一部分违纪违法案件，特别是大案要案都与领导干部利用职权违规插手市场经济活动有关。从党的十八大以来查处的案件来看，但凡涉嫌巨额受贿、巨额财产来源不明等违法犯罪落马的官员，大多存在利用职权违规干预和插手市场经济活动的情况。违反规定干预、插手市场经济活动是指党员领导干部违反法律、法规、规章、政策性规定或者议事规则，利用职权或者职务上的影响力，通过暗示、授意、打招呼、批条子、指定、强令等方式，影响市场经济活动正常开展的行为。严禁党员领导干部违规干预、插手市场经济活动是切断权力和微观经济活动的相互勾结，切断权力"寻租"机会，促进廉洁用权，为推动中国特色社会主义市场经济健康发展创造条件的重要制度安排。

〈 警 示 案 例 〉

　　经查，左某（原某省某州委常委、某市委书记）随意干预和插手经济活动，存在插手建设工程项目承发包、土地使用权出让等问题。在土地出让问题上，左某直接带着老板到现场看地，只要老板看中了，就安排市国土局供地。为了规避监管，自己指定土地位置和面积，不符合规划的就调整规划。自己确定土地价格，相关部门再找个中介机构，围绕他的意图做个"象征性"的土地评估，然后按照开发商和左某谈好的条件，设置一些限制性条件来保证老板拿到土地。左某被开除党籍，开除公职。其涉嫌犯罪的问题及所涉款物移送有关国家机关依法处理。

底 线 提 醒

　　党员领导干部严守工作纪律，不得违反有关规定干预和插手市场经济活动，应当牢记：第一，不得插手干预市场经济活动。"插手干预市场经济活动"是指，党员领导干部违反法律、法规、规章、政策性规定或者议事规则，利用职权或者职务上的影响力，以明确指定、授意或者暗示等方式干扰正常市场经济活动的行为。第二，从实践来看，工程建设、房地产开发、招投标土地使用权出让、政府采购、行政许可办理、矿产资源开发项目等重点领域，由于资金密集、权力集中、审批环节多，涉及较大利益，极易发生违规干预和插手市场经济活动行为，导致权力寻租。因此，党员领导干部禁止的插手干预经济活动行为主要是指：工程项目承发包、土地使用权出让、政府采购、房地产开发与经营、矿产资源开发利用、中介机构服务、国有企业重组改制、兼并、破产、产权交易、清产核资、资产评估、资产转让、重大项目投资以及其他重大经营活动、批办各类行政许可和资金借贷等事项，干预和插手经济纠纷、干预和插手集体资金、资产和资源的使用、分配、承包、租赁等事项。

47

严禁干预、插手司法活动和执纪执法活动

《纪律处分条例》第一百四十二条：违反有关规定干预和插手司法活动、执纪执法活动，向有关地方或者部门打听案情、打招呼、说情，或者以其他方式对司法活动、执纪执法活动施加影响，情节较轻的，给予严重警告处分；情节较重的，给予撤销党内职务或者留党察看处分；情节严重的，给予开除党籍处分。

违反有关规定干预和插手公共财政资金分配、项目立项评审、功勋荣誉表彰奖励等活动，造成重大损失或者不良影响的，依照前款规定处理。

第一百四十三条：按照有关规定对干预和插手行为负有报告和登记义务的受请托人，不按照规定报告或者登记，情节较重的，给予警告或者严重警告处分；情节严重的，给予撤销党内职务处分。

准 确 理 解

"司法是维护社会公平正义的最后一道防线。"党员领导干部应当支持法院、检察院依法独立公正行使职权。执纪者必先守纪，律人者必先律己。各级纪检监察机关要以更高的标准、更严的纪律要求自己，提高自身免疫力。广大纪检监察干部要做到忠诚坚定、担当尽责、遵纪守法、清正廉洁，确保党和人民赋予的权力不被滥用、惩恶扬善的利剑永不蒙尘。《中国共产党纪律检查机关监督执纪工作规则》是党中央给纪检监察机关定的制度、立的规矩，它吸收了党的十八大以来纪检监察体制改革理论、实践、制度创新成果，立足有效监督制约，在健全内控机制、优化工作流程上着力，针对实践中反映的问题和权力运行中的风险点作出严格规范，在线索处置、谈话函询、初步核实、审查调查、案件审理等环节，规定了具体审批事项，体现了全程管控、从严把关的执纪执法工作要求。此次修订，新增第一百四十三条，明确按照有关规定对干预和插手行为负有报告和登记义务的受请托人，不按照规定报告或者登记行为的处分规定，加大了对有关干预插手行为的规制力度，是体系化纠治违规干预插手行为的重要举措。

警 示 案 例

经查，万某(某县原县委常委、组织部部长)的高中同学赵某，因合同违约行为与他人产生债务纠纷，被诉至当地法院。理亏的赵某感觉官司胜算不大，便找到万某，请其出面协调。出于情谊方面的考虑，万某给主审此案的法官打电话，请其在判决方面对赵某多加照顾，并明确提出希望作出对其同学有利的判决。万某的行为是利用党员领导干部身份插手具体案件处理的行为，构成了违规干预司法活动，对其应当按照《纪律处分条例》规定给予相应处分。

❮ 底 线 提 醒 ❯

　　党员领导干部不得干预、插手司法活动和执纪执法活动，首先应从观念上分清职务行为与职务外活动的关系。有的党员领导干部通过法定程序了解案件信息，是正当且有必要的。但如果对案情认定、证据采信、裁判结果等发表意见甚至作出决定，就超出了合理范围。根据案件审理情况，党员领导干部不得干预、插手司法活动和执纪执法活动，应当牢记以下底线：第一，非因履职需要，不得打听、过问司法活动或监督执纪工作情况。第二，不得违规对个案进行探询、说情、打招呼。第三，不得在执纪案件中未经批准接触当事人（包括被监督执纪单位相关人员或监督执纪对象）及其特定关系人，不得在司法案件处理中违反相关纪律。第四，不得未经批准向当事人及其特定关系人传递有关材料、信息。第五，不得未经批准对当事人给予特殊关照。第六，不得未经批准，要求提供有关监督执纪工作的文字、图片、音像、数据等材料。第七，不得威胁或恐吓司法工作人员或监督执纪工作人员。第八，不得在应当回避的情形下未主动提出回避。第九，不得以听汇报、作批示等形式，越权对司法活动或监督执纪工作提出倾向性意见或者明示、暗示压件不办、压案不查。第十，对干预和插手行为负有报告和登记义务的受请托人，不得不按照规定报告或者登记。第十一，其他插手干预司法活动或监督执纪工作的情形。

48

严守保密工作纪律

《中华人民共和国监察法》第十八条第二款：监察机关及其工作人员对监督、调查过程中知悉的国家秘密、商业秘密、个人隐私，应当保密。

《纪律处分条例》第一百四十四条：泄露、扩散或者打探、窃取党组织关于干部选拔任用、纪律审查、巡视巡察等尚未公开事项或者其他应当保密的内容的，给予警告或者严重警告处分；情节较重的，给予撤销党内职务或者留党察看处分；情节严重的，给予开除党籍处分。

私自留存涉及党组织关于干部选拔任用、纪律审查、巡视巡察等方面资料，情节较重的，给予警告或者严重警告处分；情节严重的，给予撤销党内职务处分。

〈 准 确 理 解 〉

保密纪律是极为重要的工作纪律。党员领导干部要深刻认识遵守保密纪律的重要意义，切实履行保密责任，严格执行保密规定，认真抓好保密工作，坚决守住"保守国家秘密"这条事关我们党和国家生死存亡的"生命线"，切实担负起抓保密工作的政治责任。党员领导干部应当从讲政治的高度来认识保密纪律，时刻绷紧保密之弦，真正做到慎微慎独。要牢固树立总体国家安全观，在工作和生活中，都切实增强维护国家安全和严守保密纪律的思想自觉和行动自觉，严守保密纪律。

〉 警 示 案 例 〈

经查，鲍某（某省纪委监委审查调查室原副主任）在负责调查某集团公司总会计师受贿案件过程中，获悉该集团公司拟通过收购上市公司方式借壳上市。在知悉了被收购、重组对象的关键信息后，推断出其所拟收购、重组的目标公司。在明知该对公司证券交易价格有重大影响的信息尚未公开的情况下，无意中将该信息告知其同学。该同学随即在股票价格敏感期内，使用本人及他人股票交易账户，先后买卖该公司股票共计 36 万余股。并在股票复牌后，陆续抛出，非法获利 420 余万元。鲍某因违反保密工作纪律，被给予党内严重警告和记大过处分，调离省纪委监委。

〈 底 线 提 醒 〉

　　党员领导干部严守保密工作纪律，必须牢记不该听的不听、不该看的不看、不该问的不问、不该说的不说，严格遵守保密规定。第一，不得泄露、扩散或者打探、窃取党组织关于干部选拔任用、纪律审查、巡视巡察等尚未公开事项或者其他应当保密的内容。第二，不得私自留存涉及党组织关于干部选拔任用、纪律审查、巡视巡察等方面资料。第三，严格按照保密纪律规定，管理、使用、交接涉密材料或信息。第四，结合本部门工作需要和工作特点，制定保密工作规则，确保履行保密义务。

第六章

严守生活纪律

　　生活纪律是党员在日常生活和社会交往中应当遵守的行为规则，涉及个人品德、家庭美德、社会公德等各个方面，直接关系党的形象。党员干部要严明党的生活纪律，自觉培养高尚道德情操和健康生活情趣，严格要求亲属子女，过好亲情关，为全社会做表率。要始终坚决与享乐主义、奢靡之风和一切违背理想信念宗旨的思想和行为作斗争，严以修身、严以律己，守好生活纪律底线。

49

坚持尚俭戒奢的生活方式

《纪律处分条例》第一百五十条：生活奢靡、铺张浪费、贪图享乐、追求低级趣味，造成不良影响的，给予警告或者严重警告处分；情节严重的，给予撤销党内职务处分。

〈 准 确 理 解 〉

艰苦奋斗、勤俭节约是中华民族的传统美德，是共产党员先进性的重要体现。"吃苦在前，享受在后"是我们党的优良传统，是我们党带领人民攻坚克难、排除万难的政治优势。每位党员领导干部都应坚持尚俭戒奢，艰苦朴素，勤俭节约。对生活奢靡、贪图享乐、追求低级趣味的党员动用纪律，向奢靡腐化、违背社会公序良俗等行为说不，体现了管党治党"全面"和"从严"的要求，是真正把纪律和规矩挺在了前面。此次修订，新增了对铺张浪费行为的处分规定。这是落实习近平总书记强调的"坚持勤俭节约、反对铺张浪费"重要要求的制度化举措，对于以优良党风引领社风民风具有重要作用。从实践看，抓早抓小、防微杜渐是预防腐败的重要措施。用生活纪律管住党员领导干部的日常生活，尤其是"八小时之外"的私人生活，是从社会生活和家庭生活的细小处入手实现严管的重要一环。

〈 警 示 案 例 〉

经查，某省委原书记、省人大常委会原主任杜某被通报的数项违纪违法行为中，违反生活纪律一项包括：严重违反中央八项规定精神，超标准公务接待、公款吃喝，频繁出入私人会所，生活奢侈、挥霍浪费，家风败坏、对配偶子女放任纵容等内容。因严重违纪，杜某被处以开除党籍、开除公职处分；收缴其违纪所得；将其涉嫌犯罪问题、线索及所涉款物移送司法机关依法处理。

〈 底 线 提 醒 〉

党员领导干部遵守生活纪律，应当戒除奢靡的生活方式，不贪图享乐，远离低级趣味。为此，必须牢记以下底线：第一，不得生活奢靡、铺张浪费、贪图享乐。一般而言，"生活奢靡"可以从购买高档消费品是不是党员干部自己合法收入、是不是超越当地经济社会发展标准很多、是不是多次购买来判断。偶尔一两件（次）的购买，不应被认定为"过分奢靡"。相反，如果背离了"吃苦在前，享受在后"的义务，背弃了"尚俭戒奢"的要求，在日常生活中讲排场、比阔气，出入高档酒店吃喝，热衷于豪车名表，动辄挥金如土，消费行为明显超出当地正常生活消费水平，有人民群众极为反感的"土豪气"，则应认定其为生活奢靡，贪图享乐。第二，不得"追求低级趣味"。事实证明，与文化、文明、道德相悖的趣味，是庸俗的思想情趣，通常是腐败的伴生物。在一些违纪案件中，可以清楚地看到，一些党员领导干部的"趣味"已经成了被围猎的"突破口"。习近平总书记要求各级领导干部"自觉远离低级趣味"，既是对历史和现实经验的深刻总结，也是对各级领导干部的关爱和提醒，更是为各级领导干部敲响的一记振聋发聩的警钟。以上两种行为构成不良影响时均以违纪论处。其中不良影响的认定是以是否在当地造成较大的负面影响或者严重损害党群干群关系为判断标准。

50

严守生活作风底线

《纪律处分条例》第一百五十一条：与他人发生不正当性关系，造成不良影响的，给予警告或者严重警告处分；情节较重的，给予撤销党内职务或者留党察看处分；情节严重的，给予开除党籍处分。

利用职权、教养关系、从属关系或者其他相类似关系与他人发生性关系的，从重处分。

<准 确 理 解>

党员特别是领导干部的生活作风问题不仅仅是私事。生活作风上存在问题，往往是理想信念崩塌的表象，并与经济上无节制地贪婪、生活上的奢靡交织在一起。无数案例表明，生活上的不正之风正是滋生腐败的温床。因此，党员领导干部在"八小时之外"的私人生活和社会交往中必须时刻筑起防腐化变质的坚强防线。我国实

行一夫一妻制度，明知自己或者对方有家室还与对方发生性关系，就属于不正当的性关系。不正当性关系既包括通奸、重婚、包养情妇（夫），也包括造成严重后果或者恶劣影响的非固定的、短期的婚外性行为。本条生活纪律严禁与他人发生不正当性关系，一般不以利益交换为条件。这是它与《纪律处分条例》第一百二十条规定的权色交易、钱色交易行为的不同。

❮ 警 示 案 例 ❯

×年7月8日，中央纪委国家监委网站发布消息，某景区保护利用管理局党组书记、局长董某被开除党籍和公职。在董某的违纪行为中，其中一项是违反生活纪律，与多名女性发生不正当性关系，造成不良影响。董某身为党员领导干部，背离初心使命，理想信念丧失，宗旨意识淡漠，对党不忠诚，充当"两面人"；自身不干净，甘于被"围猎"，官商关系不"清"，生活作风腐化；履职不担当，主政地区政治生态持续恶化，黑恶势力坐大成势，政治问题与经济问题交织，违纪问题与违法问题并存，六大纪律项项违反，且在党的十八大乃至十九大后，不收敛、不收手、不知止，情节严重，影响恶劣，应予严肃处理。

◁ 底 线 提 醒 ▷

　　党员领导干部应当严于律己，在私生活中严格遵守党纪国法。第一，不得与他人发生不正当性关系。"与他人发生不正当性关系，造成不良影响的"认定，一般考虑以下因素：双方必须发生了不正当的性关系、双方自愿发生不正当的性关系且不以金钱、财物为媒介，且已造成不良影响。包括双方均有配偶或者一方有配偶而自愿发生不正当性关系；通过诱骗或者其他手段，与一名或多名对象发生性关系等情况。第二，不得利用职权、教养关系、从属关系或者其他相类似关系与他人发生性关系。所谓的利用职权与他人发生性关系，是指行为人以利用职务范围内的权力为对方谋取利益或者不损害对方利益为条件。不论这种利益是否已经谋取或者损害是否已经发生，只要有与对方发生性关系的行为，即构成违纪。所谓的利用教养关系与他人发生性关系，主要是指利用教育与养育关系，比如师生关系、师徒关系、监护人与被监护人的关系，与他人发生性关系。所谓的利用从属关系与他人发生性关系，是指利用上下级关系、管理者与被管理者等关系与他人发生性关系。以上情形的共同点是双方存在一定的制约关系，或因依赖、或因有所求、或因上下级关系等发生性关系。因之严重危害了社会伦理道德，较一般的发生不正当性关系更为恶劣，应对此类行为"从重处分"。

51

廉以持家，培育良好家风

《纪律处分条例》第一百五十二条：党员领导干部不重视家风建设，对配偶、子女及其配偶失管失教，造成不良影响或者严重后果的，给予警告或者严重警告处分；情节严重的，给予撤销党内职务处分。

《 准 确 理 解 》

家风是社会风气的重要组成部分，千千万万家庭的好家风支撑起全社会的好风气。其中，党员领导干部的家风好不好，不仅无形之中影响着党风政风，更引领着社会风尚的形成。领导干部必须注重家庭、家教、家风，教育管理好亲属和身边工作人员，禁止利用职权或影响力为家属亲友谋求特殊照顾，禁止领导干部家属亲友插手领导干部职权范围内的工作、插手人事安排。党员应坚持廉洁齐家，自觉带头树立良好家风。党员家风败坏、对配偶子女放任纵容，后果严重，影响恶劣。历数近年来的落马官员，其腐败行为多与家教不严、家风不正有关。而一些别有用心之人，往往也是从领导干部的家庭成员中打开缺口，从而拉其下水的。党员领导干部必须引以为戒，将修身、齐家，严格要求亲属子女，教育家人遵纪守法作为自己从政的必修课。

〈 警 示 案 例 〉

经查，韩某在生活纪律方面的违纪行为表现为：自身严重腐败，并支持、纵容亲属利用其特殊身份擅权干政，谋取巨额非法利益。他的行为属于非常典型的"家族式腐败"，共有 10 多名亲属涉案，他的妻子、儿子、女儿、弟弟乃至各种远房亲戚，很多人都曾经利用他的权力为人办事，收受好处。严重破坏了党内政治生活，损害了当地政治生态，性质极其严重，影响十分恶劣。韩某因严重违纪违法被开除党籍和公职。

〈 底 线 提 醒 〉

党员领导干部要树立严格依纪依法管束、教育家人的观念，切不可因对家人、亲属疏于管理，导致家风败坏。切不可从放弃原则立场开始，一步步滑向违纪违法的深渊。2018 年修订《纪律处分条例》时新增的本条规定，意在使党员领导干部严守生活纪律，切实重视防范对配偶、子女及其配偶失管失教。为此，应当牢记：第一，不得对配偶、子女及其配偶不当言行疏于管教、放任纵容。对家庭成员见利忘义、借权谋私等行径应当高度警惕，一经发现，及时制止。实践中，党员领导干部配偶、子女及其配偶利用其职权或职务上的影响谋取私利或是插手领导干部职权范围内的工作、人事安排，违反规定从业、领取薪酬，出现违反社会公序良俗以及违法犯罪的行为等，都属于失管失教之列。第二，坚守依法用权廉洁用权原则，不在"亲情不可违"面前丧失原则，不在滥用权力维护亲情中沦为"阶下囚"，严防因失管失教而"造成不良影响或者严重后果"。

52

自觉维护公序良俗，严禁在网络空间有不当行为

《纪律处分条例》第一百五十三条：违背社会公序良俗，在公共场所、网络空间有不当言行，造成不良影响的，给予警告或者严重警告处分；情节较重的，给予撤销党内职务或者留党察看处分；情节严重的，给予开除党籍处分。

> 准 确 理 解

党员是中国工人、农民、军人、知识分子和其他社会阶层中的先进分子，是在生产、工作、学习和社会生活中起先锋模范作用的群体，党员的党性修养和道德水准对社会具有示范引领作用。党员特别是领导干部在公共场所的言行，直接影响人民群众对党员以及党组织的评价。此次修订，增加了对党员网络言行的规制内容，是落实互联网不是法外之地的具体举措。在建设社会主义精神文明的进程中，党员领导干部应当带头实践

社会主义核心价值观和社会主义荣辱观，提倡共产主义道德，弘扬中华民族传统美德。《党章》对党员提出了加强道德修养，讲党性、重品行、作表率，做到自重、自省、自警、自励的要求。因此，党员领导干部必须加强自我约束，将维护社会公序良俗视为己任，切忌在公共场所和网络空间作出有违公序良俗的不当行为。

〈 警 示 案 例 〉

某县文广新局原局长田某等人到广播电台商洽"文化科技卫生"三下乡演出活动有关事宜。午餐期间，田某违规饮酒。午餐后，田某与司机到省广电局停车场取车，发现自己乘坐的车辆被另一轿车堵住无法驶离。他拨打了后车车主张某的手机，对方没有接听，他便直接将后车上的雨刮器掰断扔到地上，然后跑到广播大厦的10楼办公室寻找张某，并在办公区域大声喧哗。随后，保安赶来，将其带下了楼。车主张某回到广电局院内，听说自己的车被损毁，立即拦住准备离开的田某要求赔偿。"醉酒的男子先是坐在车里大骂，然后下车厮打张某。"一些目击者称，张某被扯拽了20多米，胳膊多处淤青红肿。此事被广播电台及网络媒体报道后，在社会上造成不良影响。通过调查取证、核实其违纪情况后，田某被处以党内严重警告处分。

〈 底 线 提 醒 〉

　　党员领导干部严守生活纪律，行为举止首先要有公序良俗意识。公序良俗是"公共秩序"和"善良风俗"的简称。所谓公序，即社会一般利益，包括国家利益、社会经济秩序和社会公共利益。所谓良俗，即良好的道德风尚，包括社会公德、商业道德和社会良好风尚。公序良俗是一项法律原则，在具体案件中需要结合实际情况综合考量。其意在惩戒一切损害国家利益、社会公益和道德秩序的行为。其次，党员领导干部在公共场所、网络空间的言行举止要恰当，不得造成不良影响。如引起广大群众或者社会舆论负面反映，给行为人自身名誉、行为人所在的党组织和单位造成了不好的影响，极易损害党的形象。实践中，追究党员违纪责任的有违公序良俗的言行，主要是指发生在公共场所和网络空间，且严重危害公共安全、妨害社会管理秩序或者侵犯他人权利，但尚未构成犯罪的行为。

53

遵守社会公德，弘扬家庭美德

《纪律处分条例》第一百五十四条：有其他严重违反社会公德、家庭美德行为的，应当视具体情节给予警告直至开除党籍处分。

〈 准 确 理 解 〉

社会公德和家庭美德是中华民族传统美德的具体呈现。社会公德是指社会共同体的成员为了共同的利益而约定俗成的，关于应该做什么、不应该做什么、什么是好、什么是坏的具有社会规范意义的行为准则体系。它是一个国家、一个民族、一个社会，在长期的社会实践活动中积淀下来的道德准则、文化观念和思想传统的总和。家庭美德是受到社会共同认可的，调节家庭成员之间，即调节夫妻、父母同子女、兄弟姐妹、长辈与晚辈之间，邻里之间，调节家庭与国家、社会、集体之间的各种关系的行为准则。党员领导干部应当是遵守社会公德、弘扬家庭美德的模范。

〈 警 示 案 例 〉

　　× 年 8 月 2 日清晨，某市公安局交通警察局因大雾启动恶劣天气交通管制应急预案，并设置查车点疏导交通。当日 7 时 34 分，有人在由众一山水城小区业主组成的名为"众一大家庭 1 号群"的微信群中发布了警察查车的信息，提醒大家注意安全驾驶。7 时 45 分，昵称为"路漫漫"的某区某镇民生中心主任江某在微信群中先后 7 次发表辱骂警察的不当言论，引起微信群成员不满并被清退出群。江某违反社会公德，在微信群中发布辱骂警察的不当言论，造成恶劣影响，其行为已构成违纪。某镇人民政府给予江某警告处分，并免去其职务。

〈 底 线 提 醒 〉

　　党员领导干部严守生活纪律，应当带头实践社会主义核心价值观，弘扬中华民族传统美德，严防行为举止严重违反社会公德、家庭美德。避免出现家庭和社会生活中行为不检点、失德失范，造成不良社会影响；避免酒后寻衅滋事、毁坏财物；避免诋毁抹黑革命先烈和先进模范；避免公然侮辱、诽谤他人，拒不承担赡养、抚养、扶养义务，虐待、遗弃家庭成员等违背社会公德、家庭美德的行为。

第七章

纪法衔接

　　习近平总书记强调，要坚持依法治国和依规治党
有机统一，注重党内法规同国家法律的衔接和协调。
此次修订《条例》，在总则第四条中增写"执纪执法
贯通"这一总体要求，是落实依法治国和依规治党有
机统一，注重党内法规同国家法律的衔接和协调的重
要制度性举措。新《条例》第二十八条规定，对违法
犯罪的党员，应当按照规定给予党纪处分，做到适用
纪律和适用法律有机融合，党纪政务等处分相匹配。
同时，在第二十九至第三十条分别规定了涉嫌犯罪行
为的执纪规则、不构成犯罪的违法行为的执纪规则。
这些旨在通过纪法双施双守，实现执纪审查和依法调
查有序衔接、相互贯通的新规，将有力促进执纪执法
同向发力、精准发力。本章以《条例》第三十条第二
款新增的违反财经纪律行为为例，明晰纪法衔接的理
解和适用。

54

严守财经纪律

《纪律处分条例》第三十条：党组织在纪律审查中发现党员有刑法规定的行为，虽不构成犯罪但须追究党纪责任的，或者有其他破坏社会主义市场经济秩序、违反治安管理等违法行为，损害党、国家和人民利益的，应当视具体情节给予警告直至开除党籍处分。

违反国家财经纪律，在公共资金收支、税务管理、国有资产管理、政府采购管理、金融管理、财务会计管理等财经活动中有违法行为的，依照前款规定处理。

〈 准 确 理 解 〉

党的十八大以来，习近平总书记多次就严肃财经纪律作出重要论述。2022 年 4 月 19 日，习近平总书记在中央全面深化改革委员会第二十五次会议上强调，"要严肃财经纪律，维护财经秩序，健全财会监督机制"。2023 年 2 月 15 日，中共中央办公厅、国务院办公厅印发《关于进一步加强财会监督工作的意见》，明确要求"强化财经纪律刚性约束。加强对财经领域公权力行使的制约和监督，严肃财经纪律"。新《条例》明确将财经纪律纳入党的纪律建设体系之中，把党在财经领域中的治理经验以党内法规的形式予以制度化，是在财经领域落实"把权力关进制度的笼子"的重要成果，为党员领导干部划清了从事财经活动的纪律"红线"。财经纪律是国家在公共资金收支、税务管理、国有资产管理、政府采购管理、金融管理、财务会计管理等财经领域确立的行为规则。各级党组织和领导干部要带头执行财经纪律，加强对财政经济活动的监管和管理，防止出现财经领域的违纪违法行为。违反上述规则的党员领导干部，构成违反财经纪律的违纪行为，按照新《条例》的规定，要视情节给予党纪处分。

警 示 案 例

×年3月10日，中央纪委国家监委网站发布消息，A市滨湖区B社区党总支原书记顾某明违反财经纪律，违规指使社区主办会计时某某（另案处理）截留社区投资收益和下属企业上交款等累计369万余元，存放于时某某等个人银行账户并单独建账。其间，除30万元返还至社区财务账外，其余款项用于餐费、购买果品等，合计列支337万余元，余额仅剩1.72万元。×年7月，顾某明因违反财经纪律，违规设立"小金库"等违纪行为受到留党察看一年、行政降级处分。

◁ 底 线 提 醒 ▷

根据《预算法》《国有资产管理法》《招投标法》《会计法》《公务员法》和《关于进一步加强财会监督工作的意见》《国务院关于印发〈国务院工作规则〉的通知》等的规定，党员领导干部严守财经纪律，应牢记以下行为底线。

第一，不得违反预算收入管理有关规定，不如实反映财政收入情况，虚收空转；违规设立非税收入项目、扩大征收范围、提高征收标准；未有效履行行政事业性收费、罚没职责，应收不收、应罚不罚等。第二，不得违反预算执行有关规定，违反规定乱开口子、随意追加预算；无预算、超预算安排"三公经费"支出等。第三，不得违反预算绩效管理有关规定，造成财政资金低效无效、闲置沉淀、损失浪费等。第四，不得违反税收管理有关规定，人为调节收入规模，收"过头税""寅吃卯粮"；违规制定实施各种形式的歧视性税费减免政策等。第五，不得违反国库管理有关规定，违规将国库资金转入财政专户、违规出借库款及财政专户资金等。第六，不得违反账户管理有关规定，违规设立"小金库"、银行账户公私混用等。第七，不得违反债务管理有关规定，违规新增隐性债务、挪用债务资金或改变既定资金用途等。第八，不得干预和插手招投标活动。第九，不得违反国有资产管理相关规定，未经集体决策或者未履行审批程序配置、使用、处置国有资产等。第十，不得在财务管理活动中实施财务数据造假、出具"阴阳报告"等。第十一，不得违反会计管理有关规定，伪造会计账簿、滥用会计准则等。第十二，不得违反注册会计师、资产评估管理有关规定，违规提供报告等。第十三，不得违反财会监督有关规定，财会监督职责履行不到位，拒绝、阻挠、干扰财政部门依法依规开展财会监督工作。

第八章

严守贪污贿赂罪涉罪底线

　　贪污贿赂类犯罪属于贪利型犯罪，要守住涉嫌此类犯罪的行为底线，党员干部要从心理上克服：见钱眼开的贪婪心理、蒙混过关的侥幸心理、贪图享乐的虚荣心理、按"劳"取"酬"的交易心理、有恃无恐的攀比心理、孤注一掷的赌徒心理等几种不良心理。要严守贪污贿赂犯罪涉罪底线，必须准确理解贪污贿赂犯罪各罪名在刑事法律制度中的构成要件，守住涉罪底线，警醒自己远离构成贪污贿赂犯罪的"高压线"。

55

严守贪污罪涉罪底线

《中华人民共和国刑法》第三百八十二条：国家工作人员利用职务上的便利，侵吞、窃取、骗取或者以其他手段非法占有公共财物的，是贪污罪。

受国家机关、国有公司、企业、事业单位、人民团体委托管理、经营国有财产的人员，利用职务上的便利，侵吞、窃取、骗取或者以其他手段非法占有国有财物的，以贪污论。

与前两款所列人员勾结，伙同贪污的，以共犯论处。

《中华人民共和国刑法》第三百八十三条：对犯贪污罪的，根据情节轻重，分别依照下列规定处罚：

（一）贪污数额较大或者有其他较重情节的，处三年以下有期徒刑或者拘役，并处罚金。

（二）贪污数额巨大或者有其他严重情节的，处三年以上十年以下有期徒刑，并处罚金或者没收财产。

（三）贪污数额特别巨大或者有其他特别严重情节的，处十年以上有期徒刑或者无期徒刑，并处罚金或者没收财产；数额特别巨大，并使国家和人民利益遭受特别重大损失的，处无期徒刑或者死刑，并处没收财产。

对多次贪污未经处理的，按照累计贪污数额处罚。

犯第一款罪，在提起公诉前如实供述自己罪行、真诚悔罪、积极退赃，避免、减少损害结果的发生，有第一项规定情形的，可以从轻、减轻或者免除处罚；有第二项、第三项规定情形的，可以从轻处罚。

犯第一款罪，有第三项规定情形被判处死刑缓期执行的，人民法院根据犯罪情节等情况可以同时决定在其死刑缓期执行二年期满依法减为无期徒刑后，终身监禁，不得减刑、假释。

《中华人民共和国刑法》第三百九十四条：国家工作人员在国内公务活动或者对外交往中接受礼物，依照国家规定应当交公而不交公，数额较大的，依照本法第三百八十二条、第三百八十三条的规定定罪处罚。

〈 准 确 理 解 〉

贪污罪，是指国家工作人员利用职务上的便利，侵吞、窃取、骗取或者以其他手段非法占有公共财物的行为。腐败问题对我们党的伤害最大，严惩腐败分子是党心民心所向，党内绝不允许有腐败分子藏身之地，这是保持党同人民群众血肉联系的必然要求，也是巩固党的执政基础和执政地位的必然要求。党员领导干部是国家工作人员的，均可能因违法的贪污贿赂行为而构成贪污罪，成为接受刑事制裁的犯罪主体。犯该罪的犯罪主体在主观上对实施贪污贿赂的行为是故意的，即主观上具有非法占有公共财物的目的。党员领导干部的贪污贿赂犯罪行为侵犯了党和国家工作人员职务行为的廉洁性，侵害了公共财产的所有权，并对党和国家的形象造成恶劣影响。构成贪污罪必须同时具备两个要件：利用职务上的便利和非法占有公共财物，即犯罪主体利用了职务上的便利，实施了以侵吞、窃取、骗取或者其他手段非法占有公共财物的行为。需要注意的是，如果犯罪主体采用"窃取"的手段进行贪污的对象只限于自己保管的公共财物。如果窃取他人保管的财物，则属于盗窃行为。"骗取"，是指行为人采取虚构事实或隐瞒真相的方法，非法占有公共财物的行为。如果只是在钱物管理工作中疏忽大意，发生错账、错款的，属于过失行为，不构成贪污罪。

〈 警 示 案 例 〉

　　孔某在担任某镇民政办公室主任期间，伙同报账员薛某，利用各自职务便利，采用虚报、截留及收入不入账的手段，套取国家低保、五保补助金及国家优扶补助资金等，共计 32.7 万余元；孔某单独贪污国家补助资金及慈善捐款 13.6 万余元；薛某单独贪污国家补助资金 1.5 万余元。法院以贪污罪，分别判处孔某、薛某有期徒刑十一年、五年。

╱ 底 线 提 醒 ╲

　　根据我国刑事法律制度的规定，贪污数额在三万元以上的即涉嫌贪污罪，应予追究刑事责任。如果贪污数额在一万元以上不满三万元，具有下列情节的，也将被追究刑事责任。这些法定情节包括：(1) 贪污救灾、抢险、防汛、优抚、扶贫、移民、救济、防疫、社会捐助等特定款物的；(2) 曾因贪污、受贿、挪用公款受过党纪、行政处分的；(3) 曾因故意犯罪受过刑事追究的；(4) 赃款赃物用于非法活动的；(5) 拒不交待赃款赃物去向或者拒不配合追缴工作，致使无法追缴的；(6) 造成恶劣影响或者其他严重后果的。如果出现国家工作人员有贪污的故意，非法占有公共财物、收受他人财物之后，将赃款赃物用于单位公务支出或者社会捐赠的情况，依照刑事法律制度的规定，该情况并不影响贪污罪的认定，而只在量刑时酌情考虑。

56

严守挪用公款罪涉罪底线

《中华人民共和国刑法》第三百八十四条：国家工作人员利用职务上的便利，挪用公款归个人使用，进行非法活动的，或者挪用公款数额较大、进行营利活动的，或者挪用公款数额较大、超过三个月未还的，是挪用公款罪，处五年以下有期徒刑或者拘役；情节严重的，处五年以上有期徒刑。挪用公款数额巨大不退还的，处十年以上有期徒刑或者无期徒刑。

挪用用于救灾、抢险、防汛、优抚、扶贫、移民、救济款物归个人使用的，从重处罚。

❮ 准 确 理 解 ❯

党员领导干部构成挪用公款罪是指其作为国家工作人员，实施了利用职务上的便利，将挪用公款归个人使用，进行非法活动，或者挪用公款数额较大、进行营利活动，或者挪用数额较大，超过三个月未还的行为。涉嫌构成挪用公款罪的，其主观上是直接故意，即行为人明知是公款而故意挪作他用。其犯罪目的是非法取得公款的使用权。行为人主观上是暂时非法取得公款的使用权，打算日后予以归还。如果并无归还的打算，行为人的行为将构成贪污罪。行为人挪用公款"归个人使用"，既包括利用职务上的便利，以个人名义将公款借给其他自然人或者不具有法人资格的私营独资企业、私营合伙企业等使用的，也包括利用职务上的便利为谋取个人利益，以个人名义将公款借给其他单位使用。"超过三个月未还"是指案发前，即司法机关、所在单位或者有关部门发现以前未还。

〈 警 示 案 例 〉

　　×年3月至9月期间，林某利用担任某县城区环境卫生管理所出纳的职务便利，采取虚构资金支出用途的形式，先后9次挪用公款共计人民币2203541.28元，用于网上平台投资和偿还个人债务，金额超过200万元。林某在案发前后归还县城区环境卫生管理所资金458949.60元，尚有一百多万元未予退还，情节较为严重，构成挪用公款罪。被告人林某犯罪以后自动投案，如实供述自己的罪行，法院对被告人林某予以从轻处罚，依法判处林某有期徒刑五年。

❮ 底 线 提 醒 ❯

　　根据我国刑事法律制度的规定，以下行为将构成挪用公款罪，应予追究刑事责任。包括：（1）挪用公款归个人使用，数额在三万元以上，进行非法活动的。非法活动不仅包括犯罪活动，还包括其他违法活动；（2）挪用公款归个人使用，数额在五万元以上，进行营利活动的；（3）挪用公款归个人使用，数额在五万元以上，超过三个月未还的。挪用公款归个人使用，进行非法活动，具有下列情形之一的，应当认定为《刑法》第三百八十四条第一款规定的"情节严重"：（1）挪用公款数额在一百万元以上的；（2）挪用救灾、抢险、防汛、优抚、扶贫、移民、救济特定款物，数额在五十万元以上不满一百万元的；（3）挪用公款不退还，数额在五十万元以上不满一百万元的；（4）其他严重的情节。挪用公款归个人使用，进行营利活动或者超过三个月未还，具有下列情形之一的，应当认定为《刑法》第三百八十四条第一款规定的"情节严重"：（1）挪用公款数额在二百万元以上的；（2）挪用救灾、抢险、防汛、优抚、扶贫、移民、救济特定款物，数额在一百万元以上不满二百万元的；（3）挪用公款不退还，数额在一百万元以上不满二百万元的；（4）其他严重的情节。如挪用公款用于建造私房、购置家具和其他生活用品、办理婚丧、支付医疗费或者偿还家庭、个人债务等，构成该罪既要求挪用公款达到一定数额，还要求挪用公款达到一定时间。一万元至三万元为起点，以十五万元至二十万元为数额巨大的起点。

在实践中，如果出现经单位领导集体研究决定将公款给个人使用，或者单位负责人为了单位的利益，决定将公款给个人使用的情况，不以挪用公款罪定罪处罚。上述行为致使单位遭受重大损失，构成其他犯罪的，依照刑法的有关规定对责任人员定罪处罚。如果出现行为人逃避财务监管，或者与使用人约定以个人名义进行，或者借款、还款都以个人名义进行，将公款给其他单位使用的，应认定为"以个人名义"。这里的"个人决定"，既包括行为人在职权范围内决定，也包括超越职权范围决定。"谋取个人利益"，既包括行为人与使用人事先约定谋取个人利益实际尚未获取的情况，也包括虽未事先约定但实际已获取了个人利益的情况。其中的"个人利益"，既包括不正当利益，也包括正当利益；既包括财产性利益，也包括非财产性利益，但这种非财产性利益应当是具体的实际利益，如升学、就业等。如果出现挪用金融凭证、有价证券用于质押的情况，因同样使公款处于风险之中，与挪用公款为他人提供担保没有实质的区别，以挪用公款罪定罪处罚，挪用公款数额以实际或者可能承担的风险数额认定。如果出现挪用公款归还个人欠款的，应当根据产生欠款的原因，分别认定属于挪用公款的何种情形。归还个人进行非法活动或者进行营利活动产生的欠款，应当认定为挪用公款进行非法活动或者进行营利活动。如果出现挪用公款归个人用于公司、企业注册资本验资证明的，应当认定为挪用公款进行营利活动。如果挪用公款后尚未投入实际使用的，只要同时具备"数额较大"和"超过三个月未还"的构成要件，应当认定为挪用公款罪，但可以酌情从轻处罚。

如果出现携带挪用的公款潜逃的、挪用公款后采取虚假发票平账、销毁有关账目等手段，使所挪用的公款难以在单位财务账目上反映出来，且没有归还行为的，行为人截取单位收入不入账，非法占有，使所占有的公款难以在单位财务账目上反映出来，且没有归还行为的、有证据证明行为人有能力归还所挪用的公款而拒不归还，并隐瞒挪用的公款去向的几种情况，可以认定行为人具有非法占有公款的目的，以贪污罪定罪处罚。

57

严守受贿罪涉罪底线

《中华人民共和国刑法》第三百八十五条：国家工作人员利用职务上的便利，索取他人财物的，或者非法收受他人财物，为他人谋取利益的，是受贿罪。

国家工作人员在经济往来中，违反国家规定，收受各种名义的回扣、手续费，归个人所有的，以受贿论处。

《中华人民共和国刑法》第三百八十六条：对犯受贿罪的，根据受贿所得数额及情节，依照本法第三百八十三条的规定处罚。索贿的从重处罚。

《中华人民共和国刑法》第三百八十八条：国家工作人员利用本人职权或者地位形成的便利条件，通过其他国家工作人员职务上的行为，为请托人谋取不正当利益，索取请托人财物或者收受请托人财物的，以受贿论处。

〉 准 确 理 解 〈

受贿罪，是指国家工作人员利用职务上的便利，索取他人财物，或者非法收受他人财物并为他人谋取利益的行为。党员领导干部犯受贿罪，在主观方面是故意，即只有行为人是出于故意所实施的受贿行为才构成受贿罪。过失行为不构成本罪。受贿罪在客观方面表现为行为人利用职务上的便利，索取他人财物，或者非法收受他人财物，为他人谋取利益。根据我国刑事法律制度的规定，涉受贿罪的"财物"包括：违反国家规定的各种归个人所有的"回扣""手续费"；上级收受下级的红包；单纯收受古玩、文物、字画等珍贵物品，或者以明显低于市场价购买珍贵物品、有价证券、股票；基于某种利害关系收受数额较大的馈赠等。此处"利用职务上的便利"是指利用本人职务范围内的权力，即自己职务上主管、负责或者承办某项公共事务的职权及其所形成的便利条件。索取他人财物的，不论是否"为他人谋取利益"，均可构成受贿罪。非法收受他人财物的，必须同时具备"为他人谋取利益"的条件，才能构成受贿罪。但是为他人谋取的利益是否正当，为他人谋取的利益是否实现，不影响受贿罪的认定。

〉 警 示 案 例 〈

陈某利用担任某央企党委委员、副总裁等职务上的便利，为相关单位和个人在工程承揽、职务晋升、子女就业等事项上提供帮助，直接或通过其近亲属，非法收受上述单位和个人给予的财物，共计折合人民币 870.2966 万元。法院审理认为，被告人身为国家工作人员，利用职务上的便利，为他人谋取利益，非法收受他人财物，数额特别巨大，其行为构成受贿罪。鉴于陈某到案后，如实供述自己的罪行，主动交代办案机关尚未掌握的部分受贿犯罪事实；认罪悔罪，积极退赃，赃款赃物已全部追缴，具有法定、酌定从轻处罚情节，依法可以从轻处罚。对被告人陈某以受贿罪判处有期徒刑十一年，并处罚金人民币一百万元；对其受贿所得财物及其孳息予以追缴，上缴国库。

底 线 提 醒

　　根据我国刑事法律制度的规定，实施以下行为将构成受贿罪，应予追究刑事责任。包括：个人受贿数额在三万元以上的；个人受贿数额在一万元以上不足三万元，但具有下列情形之一的：（1）曾因贪污、受贿、挪用公款受过党纪、行政处分的；（2）曾因故意犯罪受过刑事追究的；（3）赃款赃物用于非法活动的；（4）拒不交代赃款赃物去向或者拒不配合追缴工作，致使无法追缴的；（5）造成恶劣影响或者其他严重后果的；（6）多次索贿的；（7）为他人谋取不正当利益，致使公共财产、国家和人民利益遭受损失的；（8）为他人谋取职务提拔、调整的。

　　实践中，如果有受贿的故意，在非法占有公共财物、收受他人财物之后，将赃款赃物用于单位公务支出或者社会捐赠的，并不影响受贿罪的认定，但量刑时可以酌情考虑。如果特定关系人索取、收受他人财物，国家工作人员知道后未退还或者上交的，仍认定国家工作人员具有受贿故意。如果国家工作人员利用职务上的便利为请托人谋取利益，并与请托人事先约定，在其离职后收受请托人财物，构成犯罪的，以受贿罪定罪处罚。如果利用职务上的便利为请托人谋取利益，以明显低价购买、高价出售或者其他交易形式非法收受请托人财物的，以受贿论处，受贿数额按照交易时当地市场价格与实际支付价格的差额计算。如果国家工作人员利用职务上的便利为请托人谋取利益，收受请托人提供的干股（未出资而获得的股份）的，以受贿论处。进行了股权转让登记，或者相关证据证明股份发生了实际转让的，受贿数额按转让行为时的股份价值计算，所分红利按受贿孳息处理。股份未实际转让，以股份分红名义获取利益的，实际获利数额应当认定为受贿数额。如果国家工作人员利用职务上的便利为请托人谋取利益，由请托人出资，"合作"开办公司或者进行其他"合作"投资的，以受贿论处。受贿数额为请托人给国家工作人员的出资额；以合作开办公司或者其他合作投资的名义获取"利润"，没有实际出资和参与管理、经营的，以受贿论处。如果利用职务上的便利为请托人谋取利益，以委托请托人投资证券、期货或者其他委托理财的名义，未实际出资而获取"收益"，以受贿论处，受贿数额以"收益"额计算；或者虽然实际出资，但获取"收益"明显高于出资应得收益的，以受贿论处，受贿数额以"收益"额与出资应得收益额的差额计算。如果利用职务上的便利为请托人谋取利益，通过赌博方式收受请托人财物的，构成受贿。

区分贿赂与赌博活动、娱乐活动主要结合赌博的背景、场合、时间、次数、赌资来源、其他赌博参与者有无事先通谋，输赢钱物的具体情况和金额大小等因素。如果利用职务上的便利为请托人谋取利益，要求或者接受请托人以给特定关系人安排工作为名，使特定关系人不实际工作却获取所谓薪酬的，以受贿论处。如果利用职务上的便利为请托人谋取利益，授意请托人将有关财物给予特定关系人的，以受贿论处。如果利用职务上的便利为请托人谋取利益，收受请托人房屋、汽车等物品，未变更权属登记或者借用他人名义办理权属变更登记的，不影响受贿的认定。认定以房屋、汽车等物品为对象的受贿，应注意与借用的区分。具体认定时，除双方交代或者书面协议之外，主要应当结合以下因素进行判断：(1) 有无借用的合理事由；(2) 是否实际使用；(3) 借用时间的长短；(4) 有无归还的条件；(5) 有无归还的意思表示及行为。

如果收受请托人财物后及时退还或者上交的，不是受贿。国家工作人员受贿后，因自身或者与其受贿关联的人、事被查处，为掩饰犯罪而退还或者上交的，不影响认定受贿罪。如果利用职务上的便利为请托人谋取利益之前或者之后，约定在其离职后收受请托人财物，并在离职后收受的，以受贿论处。离职前后连续收受请托人财物的，离职前后收受部分均应计入受贿数额。

58

严守利用影响力受贿罪涉罪底线

《中华人民共和国刑法》第三百八十八条之一：国家工作人员的近亲属或者其他与该国家工作人员关系密切的人，通过该国家工作人员职务上的行为，或者利用该国家工作人员职权或者地位形成的便利条件，通过其他国家工作人员职务上的行为，为请托人谋取不正当利益，索取请托人财物或者收受请托人财物，数额较大或者有其他较重情节的，处三年以下有期徒刑或者拘役，并处罚金；数额巨大或者有其他严重情节的，处三年以上七年以下有期徒刑，并处罚金；数额特别巨大或者有其他特别严重情节的，处七年以上有期徒刑，并处罚金或者没收财产。

离职的国家工作人员或者其近亲属以及其他与其关系密切的人，利用该离职的国家工作人员原职权或者地位形成的便利条件实施前款行为的，依照前款的规定定罪处罚。

◇ 准 确 理 解 ◇

利用影响力受贿罪，是指党员领导干部作为国家工作人员，其近亲属或者其他与该国家工作人员关系密切的人，通过该国家工作人员职务上的行为，或者利用该国家工作人员职权或者地位形成的便利条件，以及离职的国家工作人员或者其近亲属及其他关系密切的人，利用该离职的国家工作人员原职权或者地位形成的便利条件，索取请托人财物或者收受请托人的财物，数额较大或者有其他较重情节的行为。利用影响力受贿罪的主观方面是直接故意，表现为该行为人认识到自己是某国家工作人员的关系密切人，与该国家工作人员有着特殊的关系，足以让第三人相信其能够利用该国家工作人员的职务行为或该国家工作人员职权或地位形成的便利条件，通过其他国家工作人员职务上的行为谋取不正当利益，即认识到其是在以某种方式利用该国家工作人员的职务便利，为请托人谋取不正当利益，并且希望请托人能够给付财物或自己主动向请托人索贿。

在客观方面，该罪表现为特定关系人通过该国家工作人员职务上的行为，或者利用该国家工作人员职权或地位形成的便利条件，通过该国家工作人员职务上的行为，为请托人谋取不正当利益，索取请托人财物或者收受请托人财物，数额较大或者有其他较重情节的行为。构成该罪要求利用与犯罪嫌疑人关系密切的国家工作人员的影响力，而不是犯罪嫌疑人自身，这是其与受贿罪客观方面最大的区别。

警示案例

　　被告人苗某为谋取涉赌场所某市电玩娱乐会所、涉黄场所某市酒店不被派出所查处，感谢时任该市某派出所所长许某的关照，多次送给许某财物共计人民币 17 万元。被告人苗某与许某因老乡、同事等原因而来往频繁，经常一起吃饭、打牌、旅游、共同投资经营饭店及放贷，关系密切。苗某利用许某担任某派出所所长的职权，或利用许某任派出所所长形成的便利条件，要求派出所不去查处或从轻处理曹某在某市某酒店一楼层经营的涉黄场所。苗某以协调关系为由，多次索要或者收受曹某财物共计人民币 17.4 万元。被告人苗某为谋取不正当利益，给予国家工作人员财物；被告人苗某作为与国家工作人员关系密切的人，通过该国家工作人员职务上的行为，或者利用该国家工作人员职权或者地位形成的便利条件，通过其他国家工作人员职务上的行为，为请托人谋取不正当利益，索取或者收受请托人财物，数额较大；其行为已构成行贿罪、利用影响力受贿罪。综上所述，某市法院认定被告人苗某犯行贿罪，判处有期徒刑一年六个月，并处罚金人民币一万元；犯利用影响力受贿罪，判处有期徒刑二年，并处罚金人民币十万元。决定对苗某执行有期徒刑三年，并处罚金人民币十一万元。

底 线 提 醒

　　党员领导干部远离涉罪底线，不仅要管住在职期间的行为，还要管住退休之后的行为；不仅要管住自己，还要管住"身边人"。防止关系密切人、离职的国家工作人员及其关系密切人先利用与其关系密切的国家工作人员的职权或地位形成的便利条件，再通过其他国家工作人员职务上的行为去受贿。

59

严守行贿罪涉罪底线

《中华人民共和国刑法》第三百八十九条：为谋取不正当利益，给予国家工作人员以财物的，是行贿罪。

在经济往来中，违反国家规定，给予国家工作人员以财物，数额较大的，或者违反国家规定，给予国家工作人员以各种名义的回扣、手续费的，以行贿论处。

因被勒索给予国家工作人员以财物，没有获得不正当利益的，不是行贿。

《中华人民共和国刑法》第三百九十条：对犯行贿罪的，处五年以下有期徒刑或者拘役，并处罚金；因行贿谋取不正当利益，情节严重的，或者使国家利益遭受重大损失的，处五年以上十年以下有期徒刑，并处罚金；情节特别严重的，或者使国家利益遭受特别重大损失的，处十年以上有期徒刑或者无期徒刑，并处罚金或者没收财产。

行贿人在被追诉前主动交待行贿行为的，可以从轻或者减轻处罚。其中，犯罪较轻的，对侦破重大案件起关键作用的，或者有重大立功表现的，可以减轻或者免除处罚。

❮ 准 确 理 解 ❯

　　行贿罪，是指行为人为了谋取不正当利益而给予国家工作人员财物的行为。行贿罪的主体是一般主体，即国家工作人员与非国家工作人员均可构成行贿罪。如果单位为谋取不正当利益而行贿，或者违反国家规定，给予国家工作人员以回扣、手续费，情节严重的，涉嫌单位行贿罪。行贿罪是为谋取不正当利益，给予国家工作人员以财物，或者在经济往来中，给予国家工作人员以各种名义的回扣、手续费的行为。上述行为触及涉罪底线将构成犯罪。其中，"不正当利益"一般是指违反法律、法规、政策、规章、规定谋取利益，或者要求国家工作人员、有关单位违反法律、法规、政策、规章、规定提供帮助或有利条件。与受贿行为相对应，行贿也分为两种情形：一是行贿人主动给予受贿人财物，这种情况下无论行贿人所谋取的不正当利益是否实现，均构成行贿罪；二是因国家工作人员索要而被动给予财物，因被勒索而给予国家工作人员以财物，没有获得不正当利益的，不是行贿。如果行为人系由于被勒索而给予财物的，但是行为人谋取了不正当利益的，仍应以行贿论处。涉罪行为人实施行贿罪，主观上是直接故意，即明知自己的行为是收买国家工作人员，以及其他依法从事公务的人员，利用职务上的便利为自己谋取不正当利益而实施的行为。如果主观上谋取的是合法利益，但因为各种原因给予相关人员财物，这种社会上的不正之风，一般不以犯罪论处，此时主要责任归于受贿人。

◀ 警 示 案 例 ▶

蔡某通过时任某省高速总公司财务处处长的马某（后任高速总公司副总经理兼幸运物流公司董事长）帮忙向相关单位和诉讼当事人推荐、介绍、承接业务、受让股权等，先后多次向马某送出 130 万元大额现金予以感谢；为感谢时任高速总公司财务人员的俞某向相关单位推荐诉讼代理业务和方便资金结算以及谋求业务上的关照，蔡某先后送给俞某 2 万元现金和价值 7000元的购物卡。蔡某共计向二人行贿六次，行贿金额合计 1327000元。最终法院判决被告人蔡某犯行贿罪，判处有期徒刑五年六个月。

◀ 底 线 提 醒 ▶

根据我国刑事法律制度的规定，实施以下行为将构成行贿罪，应予追究刑事责任。包括：行贿数额在三万元以上的；行贿数额在一万元以上不满三万元，但具有（1）向三人以上行贿的；（2）将违法所得用于行贿的；（3）通过行贿谋取职务提拔、调整的；（4）向负有食品、药品、安全生产、环境保护等监督管理职责的国家工作人员行贿，实施非法活动的；（5）向司法工作人员行贿，影响司法公正的；（6）造成经济损失数额在五十万元以上不满一百万元等情形的。

　　在行贿罪的认定中，如果有（1）行贿数额在一百万元以上不满五百万元的；（2）行贿数额在五十万元以上不满一百万元，并具有以下五项规定的情形之一的：①向三人以上行贿的；②将违法所得用于行贿的；③通过行贿谋取职务提拔、调整的；④向负有食品、药品、安全生产、环境保护等监督管理职责的国家工作人员行贿，实施非法活动的；⑤向司法工作人员行贿，影响司法公正的等其他严重情节的，构成"情节严重"。行贿数额在五百万元以上或行贿数额在二百五十万元以上不满五百万元，并具有上述五种情形的，构成"情节特别严重"。如果为谋取不正当利益，向国家工作人员行贿，造成经济损失数额在一百万元以上不满五百万元的，属于使国家利益遭受重大损失。如果为谋取不正当利益，向国家工作人员行贿，造成经济损失数额在五百万元以上的，属于《刑法》规定的"使国家利益遭受特别重大损失"。

　　实践中，党员领导干部应当注意区分行贿罪与馈赠礼物的界限。正常馈赠或亲友之间的请客送礼是人之常情，无可非议。但必须注意，不能有"以礼代贿""明礼暗贿"的行贿受贿行为。一般而言，馈赠基于互相间的情意和关心体贴而进行的，不存在任何非法目的，且往往是礼尚往来，互赠互请；而行贿却是以较小的付出为手段，谋取较大的不正当利益为回报，具有权钱交易的故意。馈赠行为是公开进行的，是为了增加亲友的情谊，不是以财物收买权力，此处的给付财物是无条件的。行贿往往是秘密进行的，给予财物是附条件的。在实践中，判断两者的区别还要结合发生财物往来的背景等因素综合认定，如双方是否存在关系及历史上交往的情形和程度；往来财物的价值；财物往来的缘由、时机和方式，提供财物方对于接受方有无职务上的请托；接受方是否利用职务上的便利为提供方谋取利益等。

60

严守对有影响力的人行贿罪涉罪底线

《中华人民共和国刑法》第三百九十条之一：为谋取不正当利益，向国家工作人员的近亲属或者其他与该国家工作人员关系密切的人，或者向离职的国家工作人员或者其近亲属以及其他与其关系密切的人行贿的，处三年以下有期徒刑或者拘役，并处罚金；情节严重的，或者使国家利益遭受重大损失的，处三年以上七年以下有期徒刑，并处罚金；情节特别严重的，或者使国家利益遭受特别重大损失的，处七年以上十年以下有期徒刑，并处罚金。

单位犯前款罪的，对单位判处罚金，并对其直接负责的主管人员和其他直接责任人员，处三年以下有期徒刑或者拘役，并处罚金。

准 确 理 解

对有影响力的人行贿罪是指为谋取不正当利益，向国家工作人员的近亲属或者其他与该国家工作人员关系密切的人，或者向离职的国家工作人员或其近亲属以及其他关系密切的人行贿的行为。对有影响力的人行贿罪在客观方面表现为谋取不正当利益，向国家工作人员的近亲属或者其他与该国家工作人员关系密切的人，或者离职的国家工作人员或者及其近亲属以及其他与其关系密切的人行贿的行为。其中，"关系密切的人"一般是指与国家工作人员（离职的国家工作人员）基于血缘产生的除了近亲属之外的其他亲属关系；基于学习、工作产生的同学、师生、校友、同事关系；基于地缘产生的同乡关系；基于感情产生的朋友、恋人、情人关系；基于利益产生的客户、共同投资人、合同、债权债务关系；基于其他关系产生的互相信任相互借助的其他关系人。对有影响力的人行贿罪主观上表现为故意，且具有谋取不正当利益的目的，即行贿人谋取的利益违反法律、法规、规章、政策规定，或者要求国家工作人员违反法律、法规、规章、政策、行业规范的规定，为自己提供帮助或者方便条件，违背公平、公正原则，在经济、组织人事管理等活动中，谋取竞争优势。

警 示 案 例

解某为承接某民族自治州公路交通（集团）有限公司工程，先后送给州公路交通（集团）有限公司董事长张某、州公路管理局局长赵某、州政协副主席侯某现金，合计人民币 125 万元。解某为谋取不正当利益，给予国家工作人员财物，且向离职的国家工作人员行贿，其行为已分别构成行贿罪、对有影响力的人行贿罪。犯行贿罪，被判处有期徒刑一年零六个月，并处罚金人民币10万元；犯对有影响力的人行贿罪，判处有期徒刑二年，并处罚金人民币20万元。决定执行有期徒刑三年，缓刑五年，并处罚金人民币30万元。

底 线 提 醒

　　根据我国刑事法律制度的规定，对有影响力的人行贿罪中的立案标准、情节认定、国家利益遭受损失的认定，参照行贿罪的相关规定执行。对有影响力的人行贿罪与行贿罪的区别主要是，犯罪对象不同。行贿罪的对象是国家工作人员，非国家工作人员不能单独构成行贿罪；对有影响力的人行贿罪的犯罪对象是国家工作人员之外的特殊主体，即国家工作人员和离职国家工作人员的近亲属或者其他关系密切的人。

61

严守单位行贿罪涉罪底线

《中华人民共和国刑法》第三百九十三条：单位为谋取不正当利益而行贿，或者违反国家规定，给予国家工作人员以回扣、手续费，情节严重的，对单位判处罚金，并对其直接负责的主管人员和其他直接责任人员，处五年以下有期徒刑或者拘役，并处罚金。因行贿取得的违法所得归个人所有的，依照本法第三百八十九条、第三百九十条的规定定罪处罚。

〈 准 确 理 解 〉

单位行贿罪是指单位为谋取不正当利益而行贿，或者违反国家规定，给予国家工作人员以回扣、手续费，情节严重的行为。单位行贿罪中的"单位"包括公司、企业、事业单位、机关、团体。与单位受贿罪不同，并不仅仅局限于国有公司、企业、事业单位、机关、团体，还包括集体所有制企业、中外合作企业、有限公司、外资公司、私营公司等。单位行贿罪侵犯的客体，主要是国家机关、公司、企业、事业单位和团体的正常管理活动和职能活动及声誉。该罪的犯罪对象是财物。该财物一般是公司、企业、事业单位、机关、团体的财物，而非某个人的财物。同时，也包括一些具有财产性质的利益，如国内外旅游等。单位行贿罪在客观方面表现为公司、企业、事业单位、机关、团体为了谋取不正当利益，给予国家工作人员以财物，数额较大的，或者违反国家规定，给予上述人员以"回扣""手续费"，情节严重的行为。构成单位行贿罪，在主观方面是直接故意。如果单位没有行贿的故意，而是因被勒索被迫给予国家机关、国有公司、企业、事业单位中从事公务的人员和国家机关、国有公司、企业、事业单位委派到非国有公司、企业、事业单位、社会团体中从事公务的人员以财物的，不能认定为单位行贿。

◀ 警 示 案 例 ▶

郭某是某环保有限公司法定代表人、执行董事兼经理，某科技有限公司法定代表人、执行董事兼经理，为利用时任某局某司副司长王某的职务便利，郭某多次向王某行贿人民币共计900万元。王某利用其职务便利多次向煤炭企业负责人打招呼，让郭某的某环保有限公司、某科技有限公司参与煤炭企业的水处理工程，致使一些工程项目应当招投标的没有招投标，或是在招投标、合同签订过程中严重违背公平、公正原则，使得某环保有限公司、某科技有限公司取得工程。

法院认定郭某为环保有限公司、科技有限公司谋取不正当利益而行贿，情节严重，其行为构成单位行贿罪，判处罚金人民币 200 万元；被告人郭某作为直接负责的主管人员和直接责任人员，为上述被告单位谋取不正当利益而行贿，情节严重，其行为亦构成单位行贿罪，判处有期徒刑二年。

〈 **底 线 提 醒** 〉

根据我国刑事法律制度的规定，构成单位行贿罪的，要对单位直接负责的主管人员和其他直接责任人员处以刑事制裁。因此，在单位担任领导职务的党员必须牢记涉嫌单位行贿罪的行为有哪些。依法应予立案调查的涉嫌单位行贿罪的情形包括：单位行贿数额在 20 万元以上的；单位为谋取不正当利益而行贿，数额在 10 万元以上不满 20 万元，但具有下列情形之一的，也构成犯罪：(1) 为谋取非法利益而行贿的；(2) 向三人以上行贿的；(3) 向党政领导、司法工作人员、行政执法人员行贿的；(4) 致使国家或者社会利益遭受重大损失的。

个人行贿罪的主体是自然人，而单位行贿罪的犯罪主体必须是单位。在司法实践中，区分二者的关键在于行贿所得利益的归属。如果利益归个人，一般认定为行贿罪；归单位的，一般认定为单位行贿罪。同时，在行贿中，行贿罪体现的是个人意志，单位行贿罪体现的是单位意志。实践中存在个人为谋取利益给予单位或个人公款，冠以"集体决策"和个人的名义，打着集体的幌子在各种节日中以礼金等形式送给上级领导的情况，此时虽然以单位的名义用公款行贿，最终和最大的受益者还是单位中可以拿工作当政绩的领导干部，属于为了个人的利益而进行拉拢关系的行为。如果可以证明行为人是为与相关领导建立个人关系，希望在以后个人晋升等方面得到关照，在逢年过节时以"礼金""礼品"的形式用公款送礼的行为，应依法认定为"个人行为"。而其套取公款行贿的行为符合贪污罪和行贿罪的构成要件，应当以贪污罪和行贿罪定罪，并实行数罪并罚。

62

严守巨额财产来源不明罪涉罪底线

《中华人民共和国刑法》第三百九十五条：国家工作人员的财产、支出明显超过合法收入，差额巨大的，可以责令该国家工作人员说明来源，不能说明来源的，差额部分以非法所得论，处五年以下有期徒刑或者拘役；差额特别巨大的，处五年以上十年以下有期徒刑。财产的差额部分予以追缴。

国家工作人员在境外的存款，应当依照国家规定申报。数额较大、隐瞒不报的，处二年以下有期徒刑或者拘役；情节较轻的，由其所在单位或者上级主管机关酌情给予行政处分。

❮ 准 确 理 解 ❯

为督促党员领导干部廉洁用权，使腐败行为受到应有的惩处，我国刑事法律制度规定了巨额财产来源不明罪。该罪名在官员贪污受贿难以证实的情况下，把举证责任部分转移，使司法机关易于证明犯罪，从而使腐败官员难以逃避制裁。巨额财产来源不明罪，是指国家工作人员的财产或者支出明显超过合法收入，差额巨大，本人不能说明其来源的行为。在客观方面，该罪表现为国家工作人员的财产或支出明显超过合法收入，且差额巨大，本人不能说明其合法来源。这里的"财产"是指行为人实际拥有的财产，包括住房、交通工具、存款等。名义上属于别人，实质归行为人支配的财产，应当认定属于行为人拥有的财产。这里的支出，是指行为人已经对外支付的款物，包括赠予他人的款物。合法收入，是指按法律规定应属于行为人合法占有的财产，如工资、奖金、继承的遗产、接受馈赠、捐助等。行为人不能说明其来源是合法的，包括行为人虽然"说明"了，但司法机关查证不能证明其说明的合法来源的情况。差额部分的财产被推定为"非法所得"。巨额财产来源不明罪在主观上是故意，即行为人明知财产不合法而故意占有，案发后又故意拒不说明财产的真正来源，或者有意编造财产来源的合法途径。

❯ 警 示 案 例 ❮

周某曾先后担任某省经贸委副主任、经委副主任、经委主任、经信委主任及某地级市市委书记。在任职期间，其利用本人或他人的职务便利，为他人谋取利益，非法收受他人财物折合人民币共计 2900 余万元；周某家庭财产、支出明显超过合法收入，差额特别巨大，经责令说明来源，其不能说明来源的财产折合人民币共计 3700 余万元。法院以受贿罪、巨额财产来源不明罪判处周某有期徒刑十七年。

❰ 底 线 提 醒 ❱

　　根据我国刑事法律制度的规定，涉嫌巨额财产来源不明，数额在三十万元以上的，应予追究刑事责任。一般而言，巨额财产来源不明罪与贪污罪、受贿罪有着密切的联系。很多巨额财产来源不明就是没有被查明证实的贪污罪和受贿罪。但在犯罪的客观方面，巨额财产来源不明罪只要求行为人拥有超过合法收入的巨额财产，而且行为人不能说明、司法机关又不能查明其来源的即可。也就是说，行为人拥有的来源不明的巨额财产既可能是来自贪污、受贿，也可能是来自走私、贩毒、盗窃、诈骗等行为，这些都不影响构成巨额财产来源不明罪。

第九章

严守渎职罪涉罪底线

渎职类犯罪是在履行职责或者行使职权的过程中，滥用职权、玩忽职守、徇私舞弊，妨害国家机关的正常活动，损害公众对国家机关及其工作人员公务活动公正性的信赖，致使国家与人民利益遭受重大损失的犯罪行为。渎职犯罪是一种"不入腰包的腐败"，其对党和国家事业的影响极为恶劣。党员干部在工作中要牢固树立"履职担当无小事"的观念，敢于担当作为，保持对岗位职责、对党纪国法的敬畏。

63

严守滥用职权罪涉罪底线

《中华人民共和国刑法》第三百九十七条：国家机关工作人员滥用职权或者玩忽职守，致使公共财产、国家和人民利益遭受重大损失的，处三年以下有期徒刑或者拘役；情节特别严重的，处三年以上七年以下有期徒刑。本法另有规定的，依照规定。

国家机关工作人员徇私舞弊，犯前款罪的，处五年以下有期徒刑或者拘役；情节特别严重的，处五年以上十年以下有期徒刑。本法另有规定的，依照规定。

〈 准 确 理 解 〉

滥用职权罪是指国家机关工作人员故意逾越职权，不按或违反法律规定，处理其无权决定、处理的事项，或者违反规定处理公务，致使公共财产、国家和人民遭受重大损失的行为。党员领导干部作为国家机关工作人员，根据授权从事管理国家和社会公共事务的活动，理应忠于职守，严格依据授权和职责分工依法履职，客观公正处理公共事务，管好权力，依法廉洁用权。构成滥用职权罪要求行为人在主观上是故意的，即明知自己滥用职权的行为会发生致使公共财产、国家和人民利益遭受重大损失，而希望或者放任这一结果的发生。过失不能构成本罪。如果党员领导干部滥用职权行为仅仅造成了一般损失，不以犯罪论处，按照一般违法行为对行为人进行相应的党纪处分。

警 示 案 例

　　某省环境保护局原局长梁某在任职期间，利用职务之便为该省某公司牟取利益。其利用手中的权力安排和催促省环保局工作人员向不具备条件的上述公司颁发甲级《环境污染治理证书》、甲级《环境污染防治工程工艺设计证书》、乙级《环境影响评价证书》等资质证书，致使该公司取得环境污染防治工程的设计、建设施工和环境影响评价资质。梁某还在研究落实国债资金修建垃圾处理厂的相关会议上特别介绍该公司的资质情况，力推有关工程由该公司承揽。由于该公司不具备相应的资质和能力，最终导致其承揽的垃圾处理项目中有 4 个垃圾处理厂存在设计工艺错误、设备质量差、对地下和地表水造成新的污染，该公司在承揽项目建设中还存在违规谋利等问题，因达不到建设目的而整体报废，设备类资产、房屋建筑物拆除处理造成的净损失达到 1300 余万元，4 个垃圾处理厂拆迁另建。给国家造成了巨大损失，影响恶劣。梁某的行为构成滥用职权罪，被依法判处有期徒刑三年。

底 线 提 醒

根据我国刑事法律制度的规定，国家机关工作人员滥用职权涉嫌下列情形之一的，应予追究刑事责任：（1）造成死亡 1 人以上，或者重伤 2 人以上，或者重伤 1 人、轻伤 3 人以上，或者轻伤 5 人以上的；（2）导致 10 人以上严重中毒的；（3）造成个人财产直接经济损失 10 万元以上，或者直接经济损失不满 10 万元、但间接经济损失 50 万元以上的；（4）造成公共财产或者法人、其他组织财产直接经济损失 20 万元以上，或者直接经济损失不满 20 万元、但间接经济损失 100 万元以上的；（5）虽未达到（3）、（4）两项数额标准，但（3）、（4）两项合计直接经济损失 20 万元以上，或者合计直接经济损失不满 20 万元、但合计间接经济损失 100 万元以上的；（6）造成公司、企业等单位停业、停产 6 个月以上，或者破产的；（7）弄虚作假，不报、缓报、谎报或者授意、指使、强令他人不报、缓报、谎报情况，导致重特大事故危害结果继续扩大，或者致使抢救、调查、处理工作延误的；（8）严重损害国家声誉，或者造成恶劣社会影响的；（9）其他致使公共财产、国家和人民利益遭受重大损失的情形。从司法实践来看，党员领导干部在履行公务、行使权力时应当牢记不得出现以下滥用职权的情况：第一，不得超越职权，擅自决定或处理没有具体决定、处理权限的事项。现实中有些问题应该由单位或机关通过内部民主讨论后形成决策，如果党员干部独断专行，不倾听或不采纳意见也构成越权。第二，不得玩弄职权，不按照既定的程序和条件，随心所欲地对事项作出决定或者处理。第三，不得故意不履行应当履行的职责，或者任意放弃职责。第四，不得以权谋私、假公济私，不正确地履行职责。

64

严守玩忽职守罪涉罪底线

《中华人民共和国刑法》第三百九十七条：国家机关工作人员滥用职权或者玩忽职守，致使公共财产、国家和人民利益遭受重大损失的，处三年以下有期徒刑或者拘役；情节特别严重的，处三年以上七年以下有期徒刑。本法另有规定的，依照规定。

国家机关工作人员徇私舞弊，犯前款罪的，处五年以下有期徒刑或者拘役；情节特别严重的，处五年以上十年以下有期徒刑。本法另有规定的，依照规定。

〈 准 确 理 解 〉

玩忽职守是指国家机关工作人员严重不负责任，不履行或者不认真履行职责，致使公共财产、国家和人民利益遭受重大损失的行为。党员领导干部作为国家机关工作人员，如果违反规章制度、工作纪律，擅离职守，不尽职责义务，或者不正确履行职责义务，致使公共财产、国家和人民利益遭受重大损失的行为可构成本罪。构成玩忽职守罪的行为人在主观上只能是过失，包括疏忽大意的过失和过于自信的过失，故意不能构成本罪。构成玩忽职守，一般多是不作为的形式，但有时也可以是无意识作为的形式。

在实践中，区分玩忽职守与滥用职权主要看两个方面：一是主观上，玩忽职守主观上是过失；而滥用职权主观上是故意。二是客观行为，滥用职权是行为人意识到自己在行使权力，不该用而用，该用而不用，因而超越职权构成滥用职权的行为；而玩忽职守则是行为人意识到自己是履行职责，由于各种原因而不履行职责或不认真履行职责。玩忽职守行为与工作失误也存在明显区别：工作失误是行为人由于对政策不明确、业务能力和水平低等原因，以致决策失误，造成公共财产、国家和人民利益损失的行为。一般在此情况下，行为人主观上缺乏犯罪所具备的主观罪过，而是主观上想把事情办好，但实际却事与愿违。这同玩忽职守有本质区别，故对此不能认定为玩忽职守罪。构成玩忽职守罪还需要是公共财产、国家和人民利益遭受重大损失，如果只是一般损失或者没有损失，属于一般的玩忽职守行为。一般而言，出现玩忽职守行为，构成玩忽职守罪与党员领导干部头脑中的官僚主义倾向关联密切。官僚主义事关工作作风，如果官僚主义严重到一定程度，导致玩忽职守，当给公共财产、国家和人民利益造成重大损失时，就可能构成犯罪。在现实中，大量的玩忽职守犯罪都是由官僚主义引起的。

警示案例

胡某、郎某分别系某省某市环保局某分局环境监察科正、副科长。二人在日常环境监管过程中，不认真履行职责，致使辖区内非法开设的某塑料厂长期违规经营。直至 × 年 12 月 12 日，该厂在加工处理一批红色染料的塑料包装袋过程中，"红水"顺雨水管网流入涧河，涧河一夜之间被染成红色，酿成"红河谷"事件。央视等众多主流媒体纷纷对此事件进行报道，造成恶劣的社会影响。经检察院提起公诉，人民法院依法判处胡某玩忽职守罪，免予刑事处罚；判处郎某玩忽职守罪，免予刑事处罚。

底线提醒

根据我国刑事法律制度的规定，玩忽职守涉嫌下列情形之一，构成玩忽职守罪：(1) 造成死亡 1 人以上，或者重伤 3 人以上，或者重伤 2 人、轻伤 4 人以上，或者重伤 1 人、轻伤 7 人以上，或者轻伤 10 人以上的；(2) 导致 20 人以上严重中毒的；(3) 造成个人财产直接经济损失 15 万元以上，或者直接经济损失不满 15 万元、但间接经济损失 75 万元以上的；(4) 造成公共财产或者法人、其他组织财产直接经济损失 30 万元以上，或者直接经济损失不满 30 万元、但间接经济损失 150 万元以上的；(5) 虽未达到 (3)、(4) 两项数额标准，但 (3)、(4) 两项合计直接经济损失 30 万元以上，或者合计直接经济损失不满 30 万元、但合计间接经济损失 150 万元以上的；(6) 造成公司、企业等单位停业、停产 1 年以上或者破产的；(7) 海关、外汇管理部门的工作人员严重不负责任，造成 100 万美元以上外汇被骗购或者逃汇 1000 万美元以上的；(8) 严重损害国家声誉，或者造成恶劣社会影响的；(9) 其他致使公共财产、国家和人民利益遭受重大损失的情形。党员领导干部在依法履职过程中，应当牢记不得出现以下玩忽职守的情况：第一，不得在有能力且有条件履职的情况下放弃职守，不履行应尽职责；第二，不得严重不负责任，在履职中马马虎虎、草率从事、敷衍塞责，思想和态度极度不端正；第三，不得未按照相关要求，在职务活动中出现差错、决策失误、采取措施不及时或不得力。

65

严守故意泄露国家秘密罪涉罪底线

《中华人民共和国刑法》第三百九十八条：国家机关工作人员违反保守国家秘密法的规定，故意或者过失泄露国家秘密，情节严重的，处三年以下有期徒刑或者拘役；情节特别严重的，处三年以上七年以下有期徒刑。

<准 确 理 解>

故意泄露国家秘密罪，是指国家机关工作人员或者非国家机关工作人员违反保守国家秘密法，故意使国家秘密被不应知悉者知悉，或者故意使国家秘密超出了限定的接触范围，情节严重的行为。党员领导干部故意泄露国家秘密侵犯了国家的保密制度。构成故意泄露国家秘密罪要求行为人违反国家保密法的规定，故意泄露国家秘密，情节严重。党员领导干部犯故意泄露国家秘密罪，其主观上必须是故意。有的是为了出卖获利，有的是为了炫耀以显示自

己消息灵通，有的迫于他人的威胁，但动机不影响本罪的认定。如果过失泄露国家秘密，应以过失泄露国家秘密罪论处。

国家秘密事关国家安全和利益，党员领导干部因职位的特殊性，有机会接触、知悉国家秘密，且往往接触知悉时间早、数量多、密级高，必须高度重视。每位党员领导干部都有义务和责任保守国家秘密。根据《中华人民共和国保守国家秘密法》的规定，"国家秘密"是关系国家安全和利益，依照法定程序确定，在一定时间内只限一定范围的人员知悉的事项。国家秘密的密级分为"绝密""机密""秘密"。主要包括：（1）国家事务的重大决策事项；（2）国防建设和武装力量活动中的秘密事项；（3）外交或外交活动中的秘密事项以及对外承担保密义务的事项；（4）国民经济和社会发展中的秘密事项；（5）科学技术中的秘密事项；（6）维护国家安全活动和追查刑事犯罪中的秘密事项；（7）其他经国家保密工作部门确定应当保守的国家秘密事项。

〈 警 示 案 例 〉

顾某在担任某局办公室局长秘书室副主任及局领导秘书期间，违反国家保密法的规定，通过聊天工具，先后多次将国家统计局尚未公布的涉密统计数据共计 27 项透露给某证券股份有限公司工作人员付某及某证券有限公司资产管理部工作人员张某。上述统计数据中，有 14 项为机密级国家秘密，有 13 项为秘密级国家秘密。文某在某国有金融管理部门的研究所研究室工作期间，违反国家保密法的规定，将其在价格监测分析行外专家咨询会上合法获悉的、尚未对外正式公布的属于秘密级国家秘密的 25 项国家宏观经济数据，多次以手机短信方式向他人故意泄露 224 次。北京市西城区人民法院对两被告作出以下判决：一、被告人顾某犯故意泄露国家秘密罪，判处有期徒刑五年；二、被告人文某犯故意泄露国家秘密罪，判处有期徒刑六年。

<　底　线　提　醒　>

　　根据我国刑事法律制度的规定，党员领导干部作为国家机关工作人员涉嫌故意泄露国家秘密行为，具有下列情形之一的，应予立案：（1）泄露绝密级国家秘密 1 项（件）以上的；（2）泄露机密级国家秘密 2 项（件）以上的；（3）泄露秘密级国家秘密 3 项（件）以上的；（4）向非境外机构、组织、人员泄露国家秘密，造成或者可能造成危害社会稳定、经济发展、国防安全或者其他严重危害后果的；（5）通过口头、书面或者网络等方式向公众散布、传播国家秘密的；（6）利用职权指使或者强迫他人违反国家保守秘密法的规定泄露国家秘密的；（7）以牟取私利为目的泄露国家秘密的；（8）其他情节严重的情形。保密工作是党和国家的重要工作，也是国家安全工作的重要组成部分，党员领导干部在工作中应当严格履行保密义务，将保守国家秘密作为一项重要的政治任务和政治纪律，不私自留存、隐匿、查阅、摘抄、复制、携带涉密材料；对涉密材料不乱丢乱放，及时入柜上锁；不在连接外网的打印机、非指定的文

印室打印复印涉密材料，及时销毁办案、文印中形成的废弃纸张；对涉密介质实行物理隔离，不用外网处理涉密工作，不用微信、QQ 等传递涉密信息；等等。最大限度地消除安全隐患，最大限度地减少失密泄密机会。

66

严守徇私枉法罪涉罪底线

《中华人民共和国刑法》第三百九十九条：司法工作人员徇私枉法、徇情枉法，对明知是无罪的人而使他受追诉、对明知是有罪的人而故意包庇不使他受追诉，或者在刑事审判活动中故意违背事实和法律作枉法裁判的，处五年以下有期徒刑或者拘役；情节严重的，处五年以上十年以下有期徒刑；情节特别严重的，处十年以上有期徒刑。

> 准 确 理 解

徇私枉法罪，是指司法工作人员徇私枉法、徇情枉法，对明知是无罪的人而使他受追诉，对明知是有罪的人而故意包庇不使他受追诉或者在刑事审判活动中故意违背事实和法律作枉法裁判的行为。徇私枉法侵犯了国家司法机关的正常活动及司法机关的公信力，破坏了社会主义法治的公平正义属性。党员领导干部作为司法工作人员，应当秉公用权。徇私枉法罪是司法工作人员的渎职犯罪，包括具有侦讯、检察、审判、监管人犯职务的人员。构成该罪需要在主观上是出于故意，动机是曲从私情。如果行为人因为法律水平低等原因，造成应当受追诉的没有受追诉或者不应当受追诉的受到追诉，或者造成了案件的错判、误判的，不构成徇私枉法罪。

〈 警 示 案 例 〉

某市公安局原副局长费某，公安局原副局长孟某，公安局技术侦查总队原总队长、某区公安分局原局长张某，市公安局某区公安分局原常务副局长米某在办理刘某死亡案件过程中，明知唐某有重大作案嫌疑，为使唐某不受追诉，伪造、隐匿、毁灭证据，引导死者亲属作出不解剖尸体的决定，均已构成徇私枉法罪。在共同犯罪中，费某系主犯，孟某等系从犯，四人在归案后均如实供述了主要犯罪事实，费某、孟某当庭认罪、悔罪，同时孟某、张某未按费某的要求销毁关键物证，客观上为刘某死亡案得以侦破起到重要作用。根据四人犯罪的事实、性质、情节及对社会的危害程度，依法以徇私枉法罪分别判处费某有期徒刑十一年，孟某有期徒刑七年，张某有期徒刑五年，米某有期徒刑五年。

〈 底 线 提 醒 〉

根据我国刑事法律制度的规定，司法工作人员徇私枉法，涉嫌下列情形之一的，应予立案：（1）对明知是没有犯罪事实或者其他依法不应当追究刑事责任的人，采取伪造、隐匿、毁灭证据或者其他隐瞒事实、违反法律的手段，以追究刑事责任为目的立案、侦查、起诉、审判的；（2）对明知是有犯罪事实需要追究刑事责任的人，采取伪造、隐匿、毁灭证据或者其他隐瞒事实、违反法律的手段，故意包庇使其不受立案、侦查、起诉、审判的；（3）采取伪造、隐匿、毁灭证据或者其他隐瞒事实、违反法律的手段，故意使罪重的人受较轻的追诉，或者使罪轻的人受较重的追诉的；（4）在立案后，采取伪造、隐匿、毁灭证据或者其他隐瞒事实、违反法律的手段，应当采取强制措施而不采取强制措施，或者虽然采取强制措施，但中断侦查或者超过法定期限不采取任何措施，实际放任不管，以及违法撤销、变更强制措施，致使犯罪嫌疑人、被告人实际脱离司法机关侦控的；（5）在刑事审判活动中故意违背事实和法律，作出枉法判决、裁定，即有罪判无罪、无罪判有罪，或者重罪轻判、轻罪重判的；（6）其他徇私枉法应予追究刑事责任的情形。

党员领导干部作为司法工作人员，应严守徇私枉法罪涉罪底线，在行使司法权的过程中忠于国家和人民利益，忠于宪法和法律，忠于事实，以事实为根据，以法律为准绳，公正司法。不得有以下徇私枉法行为：第一，不得对明知是无罪的人而使他受追诉。所谓受追诉，指对无罪的人进行立案侦查、采取强制措施、提起公诉、进行审判等，进入上述任一环节，就认为受到了追诉。第二，不得对明知是有罪的人而故意包庇不使他受追诉，即该立案的不立案，该采取强制措施的不采取，该提起公诉的不提起，该审判的不审判。第三，不得在刑事审判活动中故意违背事实和法律作枉法裁判，即根据事实，被告人无罪或罪轻的，却违背法律规定判其有罪或罪重；或根据事实，被告人有罪或罪重的，却违背法律规定判其无罪或罪轻。

67

严守报复陷害罪涉罪底线

《中华人民共和国刑法》第二百五十四条：国家机关工作人员滥用职权、假公济私，对控告人、申诉人、批评人、举报人实行报复陷害的，处二年以下有期徒刑或者拘役；情节严重的，处二年以上七年以下有期徒刑。

〈 准 确 理 解 〉

报复陷害罪，是指国家机关工作人员滥用职权、假公济私，对控告人、申诉人、批评人、举报人实行报复陷害的行为。党员领导干部作为国家机关工作人员，实施报复陷害行为不仅严重侵犯公民的控告权、申诉权、批评权、举报权等民主权利，还严重影响国家机关的正常活动。报复陷害罪侵害的对象，只限于控告人、申诉人、批评人、举报人这四种。构成本罪表现为滥用职权、假公济私，对控告人、申诉人或批评人、举报人实行打击报复陷害的行为。

现实中报复陷害罪与诬告陷害罪都是犯罪行为，容易混淆。两者在以下几点存在区别：(1) 主体要件不同：报复陷害罪的主体只能是国家机关工作人员，而诬告陷害罪的主体则可以是任何公民；(2) 犯罪的目的不同：报复陷害罪的目的是打击报复陷害他人，而诬告陷害罪的目的则是意图使他人枉受刑事追究；(3) 犯罪手段不同：报复陷害罪必须是基于职权，滥用职权或假公济私；而诬告陷害罪则不要求必须利用职权；(4) 陷害的对象不同：报复陷害罪只限于控告人、申诉人、批评人、举报人这四种人，而诬告陷害罪可以是任何干部和群众。

❮ 警 示 案 例 ❯

贾某为地级市市辖区区委书记，曾收到市人民政府秘书肖某截留的一封关于检举其受贿、卖官、违法乱纪的举报信。贾某根据举报信内容，分析判定举报人为冯某（曾任村支部书记、镇长，区管委会经贸发展局局长、某房地产开发公司董事长），遂产生报复冯某的念头。贾某滥用职权、假公济私，通过编造举报信捏造罪名，指使被告人万某借用这些信件指令下属人员对举报人员冯某及其亲属立案，并强令其他各有关部门对举报人冯某及其亲属进行查处，以刑事追究方法对举报人打击报复。被告人万某身为区人民检察院检察长，明知贾某报复陷害举报人冯某，还与贾某共谋，滥用检察权、假公济私，违背事实和法律违法办案，对冯某及其亲属进行刑事追究，贾某、万某的行为致使举报人及其亲属合法权利受到严重损害，并导致举报人冯某自缢死亡。法院经审理判决：贾某犯报复陷害罪，判处有期徒刑七年；万某犯报复陷害罪，判处有期徒刑六年。

底 线 提 醒

　　根据我国刑事法律制度的规定，对于公民的申诉、控告或者检举，有关国家机关及其工作人员必须查清事实，负责处理。对于控告、申诉、批评、举报的当事人不得借机报复。党员领导干部作为国家机关工作人员，涉嫌下列情形之一的，应予立案：（1）报复陷害，情节严重，导致控告人、申诉人、批评人、举报人或者其近亲属自杀、自残造成重伤、死亡，或者精神失常的；（2）致使控告人、申诉人、批评人、举报人或者其近亲属的其他合法权利受到严重损害的；（3）其他报复陷害应予追究刑事责任的情形。

68

严守国家机关工作人员签订、履行合同失职被骗罪涉罪底线

《中华人民共和国刑法》第四百零六条：国家机关工作人员在签订、履行合同过程中，因严重不负责任被诈骗，致使国家利益遭受重大损失的，处三年以下有期徒刑或者拘役；致使国家利益遭受特别重大损失的，处三年以上七年以下有期徒刑。

◁ 准 确 理 解 ▷

国家机关工作人员签订、履行合同失职被骗罪，是指国家机关工作人员在签订、履行合同过程中，因严重不负责任被诈骗，致使国家利益遭受重大损失的行为。党员领导干部作为国家机关工作人员涉嫌本罪，其主观方面只能出自过失。签订、履行合同失职被骗侵犯了国家机关的正常活动和国有资产的安全。此处的"严重不负责任"主要是指在签订、履行合同中玩忽职守，不履行或者虽然履行但没有正确、认真履行职责而被诈骗，并使国家利

益遭受重大损失。

◀ 警 示 案 例 ▶

　　罗某（某国有企业原法定代表人、董事长）具体负责与上海某广告有限公司、广州某广告有限公司、某广告（上海）有限公司等公司签订、履行广告投放合同过程中，严重违反公司合同管理规章制度，盲目轻信，未对上述公司信誉情况、履约能力等尽职调查，未认真审查合同条款，未核实广告投放业务真实性，未采取必要风险控制措施；在公司内部审计发现问题时，未按审计要求予以整改。上述严重失职行为导致上海某广告公司骗取资金，造成国家利益损失人民币近 1.8 亿元。×年 12 月 3 日，被告人罗某因犯国家机关工作人员签订、履行合同失职被骗罪，被某市某区人民法院判处有期徒刑二年零九个月。

◀ 底 线 提 醒 ▶

　　根据我国刑事法律制度的规定，国家机关工作人员签订、履行合同失职被骗涉嫌下列情形之一的，应予立案：（1）造成直接经济损失 30 万元以上，或者直接经济损失不满 30 万元，但间接经济损失 150 万元以上的；（2）其他致使国家利益遭受重大损失的情形。国家机关工作人员在签订、履行合同中，应当深入进行调查、认真负责。避免出现以下情况，从而导致国家利益遭受重大损失，遭到刑事追责：第一，不严格审查对方主体资格及资信情况，盲目轻信而签约；第二，不认真考察对方的履约能力，草率签约；第三，引资心切，在假外商的蒙骗下签约或在履约中轻信信用证结算方式，导致受骗；第四，盲目发货或付款；第五，违规为他人签订经济合同提供担保，发生经济纠纷时承担连带责任，使本单位遭受不应有的经济损失；第六，不按规定公证或签证；第七，过于相信下级，对下级上报的材料不认真审批，轻易批示、同意；第八，明知对方无履约能力或不能继续履行，却不行使抗辩权；第九，明知对方不按期发货或付款，却不催讨或起诉，致使对方逃跑或超过诉讼时效，无法行使请求权或丧失胜诉权等。

69

严守挪用特定款物罪涉罪底线

《中华人民共和国刑法》第二百七十三条：挪用用于救灾、抢险、防汛、优抚、扶贫、移民、救济款物，情节严重，致使国家和人民群众利益遭受重大损害的，对直接责任人员，处三年以下有期徒刑或者拘役；情节特别严重的，处三年以上七年以下有期徒刑。

〈 准 确 理 解 〉

挪用特定款物罪，是指违反特定款物专用的财经管理制度，挪用国家用于救灾、抢险、防汛、优抚、扶贫、移民、救济款物，情节严重，致使国家和人民群众利益遭受重大损害的行为。挪用特定款物罪侵犯了国家关于特定款物专门使用的财经管理制度，其犯罪主体是特殊主体，即对保管、分配和使用特定款物直接负责的主管人员和其他直接责任人员。行为人在主观方面表现为故意，即明知是国家救灾、抢险、防汛、优抚、扶贫、移民、救济款物而故意挪用。特定款物是为了帮助人民群众战胜自然灾害，解决生活中的具体困难，可以安定群众生活，及时恢复生产能力和经济发展，对于特定款物必须专款专用，决不允许党员领导干部任意挪用。党员领导干部构成挪用特定款物罪，必须同时具备"情节严重"与"致使国家和人民群众利益遭受重大损害"的要件。其中，"情节严重"是指：(1) 挪用的抚恤事业费系残疾费抚恤费、烈士军属生活补助费的；(2) 挪用的救济费系孤老残幼社会救济费的；(3) 挪用的救灾款是自然灾害救灾款的；(4) 挪用的救灾物资，系食品、药品、医疗器械、生活必需品的；(5) 挪用的款物数额巨大的；(6) 多次挪用屡教不改的；(7) 挪用特定款物用于挥霍浪费和高消费性开支的；(8) 挪用外援款物的等。

◀ 警 示 案 例 ▶

潘某在担任某村党支部书记、村委会主任期间，采取虚报、欺骗的手段，以发展东北松基地 300 亩项目为由向扶贫办申报扶贫资金 20 万元。该项目 20 万元扶贫资金由扶贫办拨付该镇财政所后，在潘某的安排下，该笔扶贫资金中的 9.3 万元用于补偿东北松基地的实际承包人，剩余 10.7 万元用于支付偿还村委会新建办公楼的欠款、村委会以往不能报的招待费、以往村委会租用村干部车子的车费和村委会其他日常开支等。潘某违反国家关于特定款物专用的财经管理制度，挪用用于扶贫的款物 10.7 万元，情节严重，致使国家和人民群众利益遭受重大损失，其行为已构成挪用特定款物罪，被判处有期徒刑六个月。

◁ 底 线 提 醒 ▷

　　根据我国刑事法律制度的规定，党员领导干部作为对保管、分配和使用特定款物直接负责的主管人员和其他直接责任人员，不得挪用用于救灾、抢险、防汛、优抚、扶贫、移民、救济款物，涉嫌下列情形之一的，应予立案追诉：(1) 挪用特定款物数额在五千元以上的；(2) 造成国家和人民群众直接经济损失数额在五万元以上的；(3) 虽未达到上述数额标准，但多次挪用特定款物的，或者造成人民群众的生产、生活严重困难的；(4) 严重损害国家声誉，或者造成恶劣社会影响的；(5) 其他致使国家和人民群众利益遭受重大损害的情形。同时，根据国家的有关规定，救灾款应重点用于灾情严重地区自力无法克服生活困难的灾民，不得平均分配和发放。抢险、防汛款用于购买抢险、防汛的物资、通信器材、设备和其他有关开支。优抚款主要用于烈属、军属、残废军人等的抚恤、生活补助，以及疗养、安置等。救济款主要用于农村中由集体供给、补助后生活仍有困难的五保户、贫困户的生活救济；城镇居民中无依无靠、无生活来源的孤老、残、幼和无固定职业、无固定收入的贫困户的生活救济；无依无靠、无生活来源的散居归侨、外侨以及其他人员的生活困难救济等。为了救灾、抢险、防汛、优抚、扶贫、移民、救济等方面的需要，国家临时调拨、募捐或者用上述专款购置的食品、被服、药品、器材设备以及其他物资，也属于作为本罪对象的特定专用物资。特定款物不得挪作他用，也不得混用。挪用其他款物，即使是专用款物如教育经费，也不构成本罪。

70

严守帮助犯罪分子逃避处罚罪涉罪底线

《中华人民共和国刑法》第四百一十七条：有查禁犯罪活动职责的国家机关工作人员，向犯罪分子通风报信、提供便利，帮助犯罪分子逃避处罚的，处三年以下有期徒刑或者拘役；情节严重的，处三年以上十年以下有期徒刑。

〈 准 确 理 解 〉

帮助犯罪分子逃避处罚罪，是指负有查禁犯罪活动职责的国家机关工作人员，向犯罪分子通风报信、提供帮助或便利，帮助犯罪分子逃避处罚的行为。帮助犯罪分子逃避处罚侵犯了国家机关的正常活动。帮助犯罪分子逃避处罚罪的犯罪对象必须是犯罪分子，其中包括犯罪之后，潜逃在外，尚未抓获的犯罪分子，也包括尚未被司法机关发觉的犯罪分子。构成本罪的主体为具有查禁犯罪职责的国家机关的工作人员，主要指司法机关（包括公安机关、国家安全机关、人民检察院、人民法院）的工作人员。《中华人民共和国监察法》明确了各级监察机关具有查处涉嫌贪污贿赂、失职渎职等职务犯罪的职责，因此，各级监察机关的工作人员可以构成帮助犯罪分子逃避处罚罪的主体。此外，各级党委、政府机关中主管查禁犯罪活动的人员也包括在内。以上人员在主观方面具有犯罪的故意才能构成本罪，至于行为人主观上出于何种动机，不影响定罪。

◁　警　示　案　例　▷

　　钱某是某看守所巡视民警。×年1月，尹某因涉嫌诈骗被羁押于钱某所在的看守所。尹某的朋友为使尹某免受刑事追究，请求时任该看守所巡视民警钱某提供帮助。钱某在明知尹某因涉嫌诈骗罪已被羁押的情况下，仍约集尹某案件的报案人及其律师商谈如何和平解决尹某案件，钱某等提议由尹某还钱给崔某，崔某要向司法机关写申请并说明报案是误会，其与尹某为恋爱关系。×年3月23日，钱某利用自己作为看守所巡视民警的职务便利，向羁押于看守所内的尹某传递调解协议书一份。法院认为，钱某在看守所工作期间，作为具有查禁犯罪活动职责的国家机关工作人员，向犯罪分子通风报信、提供便利，帮助犯罪分子逃避处罚，其行为已构成帮助犯罪分子逃避处罚罪。故判处钱某犯帮助犯罪分子逃避处罚罪，免予刑事处分。

底 线 提 醒

　　根据我国刑事法律制度的规定，帮助犯罪分子逃避处罚涉嫌下列情形之一的，应予立案：(1) 向犯罪分子泄露有关部门查禁犯罪活动的部署、人员、措施、时间、地点等情况的；(2) 向犯罪分子提供钱物、交通工具、通信设备、隐藏处所等便利条件的；(3) 向犯罪分子泄露案情的；(4) 帮助、示意犯罪分子隐匿、毁灭、伪造证据，或者串供、翻供的。肩负查禁犯罪活动职责的党员领导干部，作为国家机关工作人员，必须严格履行查禁、惩治犯罪的职责，不让犯罪分子漏网，不得帮助犯罪分子逃避制裁，使其免受刑事追究。严禁向犯罪分子通风报信、提供便利，使犯罪分子得以逍遥法外，危害社会。不得以向犯罪分子本人或者通过第三人转告等方式向其泄露、提供有关查禁犯罪活动的情况、信息，如查禁的时间、地点、人员、方案、计划、部署等；不得向犯罪分子提供住处等隐藏处所；不得提供钱、物、交通工具、证件资助其逃跑；不得为其指点迷津，协助其串供、隐匿、毁灭、伪造、篡改证据；等等。

附录

党纪法规全文二维码

《中国共产党章程》

《中国共产党纪律处分条例》

《中华人民共和国监察法》

《中国共产党廉洁自律准则》

《中国共产党纪律检查机关监督执纪工作规则》

《中华人民共和国公职人员政务处分法》

《中国共产党问责条例》

《中国共产党组织处理规定（试行）》

《党组讨论和决定党员处分事项工作程序规定（试行）》

《中国共产党党内监督条例》

《中国共产党巡视工作条例》

《中国共产党党员领导干部廉洁从政若干准则》

《中国共产党地方组织选举工作条例》

《中国共产党党员权利保障条例》

《中国共产党基层组织选举工作条例》

《纪检监察机关处理检举控告工作规则》

《中国共产党党内法规执行责任制规定（试行)》

《中国共产党党内法规和规范性文件备案审查规定》

《中国共产党党内法规制定条例》

《党政主要领导干部和国有企事业单位主要领导人员经济责任审计规定》

《干部选拔任用工作监督检查和责任追究办法》

《党政领导干部考核工作条例》

《党政领导干部选拔任用工作条例》

《党委（党组）落实全面从严治党主体责任规定》

《党委（党组）书记抓基层党建工作述职评议考核办法（试行)》

《中国共产党党和国家机关基层组织工作条例》

《中国共产党国有企业基层组织工作条例（试行)》

《2019—2023 年全国党员教育培训工作规划》

《中国共产党党员教育管理工作条例》

《关于加强和改进城市基层党的建设工作的意见》

《关于加强和改进中央和国家机关党的建设的意见》

《中国共产党重大事项请示报告条例》

《中共中央关于加强党的政治建设的意见》

《中国共产党农村基层组织工作条例》

《中国共产党支部工作条例（试行）》

《全国干部教育培训规划（2023—2027 年)》

《关于党的基层组织任期的意见》

《中国共产党党务公开条例（试行)》

后 记

习近平总书记在党的二十大报告中指出，坚持以严的基调强化正风肃纪，强调要全面加强党的纪律建设。落实党的二十大精神，此次修订《中国共产党纪律处分条例》（以下简称《条例》）新增16条，修改76条，修订后的《条例》共158条。此次修订将党的十八大以来强化正风肃纪的理论和实践创新成果予以制度化，明确为党员领导干部必须遵守的党内法规、纪律规范，既是中国特色社会主义法治理论与实践的最新成果，也是全面从严治党越来越严、越往后执纪越严的强烈信号。近日，中共中央办公厅印发了《关于在全党开展党纪学习教育的通知》，在全党开展党纪学习教育。党员领导干部开展党纪学习教育必须坚持以习近平新时代中国特色社会主义思想为指导，进一步强化纪律意识、加强自我约束、提高免疫能力，增强政治定力、纪律定力、道德定力、抵腐定力，始终做到忠诚干净担当。对每一位能够成长为肩负党和人民重托的领导干部而言，多有着过人的才干，曾在各自的工作岗位上付出过艰辛的努力。他们亮丽的工作业绩背后，既有群众的信任，更有党组织的悉心培养，还有家庭里妻儿老小的支持。要承担起家国责任，每一位党员领导干部，不仅要坚守初心使命，守土有责，担当作为地履行好岗位职责，把事干好，做中国特色社会主义建设事业的"一颗螺丝钉"；而且要强化遵规守纪自觉，切实践行正确的权力观、政绩观、事业观，牢记纪法底线，把自己管好。严于律己，廉洁用权，干干净净做人做事，像"一个顶梁柱"一样为家人撑起一片天。习近平总书记在谈到这个问题时，曾经语重心长地说，组织上培养干部不容易，要管理好、监督好，让他们始终有如履薄冰、如临深渊的警觉。

为使党员领导干部远离目无法纪、行而无界、触碰底线、踩踏红线的风险，主动在思想上划出红线、在行为上明确底线，真正受警醒、明底线、知敬畏。我们组织了来自纪委监委、人民检察院、人民法院等一线执纪执法部门的同志和法学专家一起编写了本书。他们是黄从波、赵景东、宋忠胜、杨荣祥、曲家路等同志。我们希望以案为鉴，将党纪国法明确的行为底线——阐释，帮助党员领导干部知进退，有所为，有所不为，实现事业与家庭的双丰收。

本书是法学理论研究和实务领域专家合作完成的作品。在编写过程中参考了许多业内专家、学者的研究成果，得到了本书编辑的大力支持，在此表示真诚的感谢！同时，由于水平所限，本书难免有不足和疏漏之处，欢迎广大读者朋友批评指正。

王　静

2024 年春于大有庄 100 号